Mai's Weltführer Nr. 35

Walfang vor Grönland in alter Zeit

Mai's Weltführer Nr. 35

Grönland

Reiseführer mit Landeskunde

von Alfred Ludwig

3., überarbeitete und erweiterte Auflage
mit 65 Fotos und Illustrationen,
12 Farbfotos sowie 5 Karten

Mai's Reiseführer Verlag Buchschlag bei Frankfurt

Fotos: Wilhelm Knüttel, Frankfurt (Titelbild, 12, 14, 48, 51, 61, 63, 71, 75, 76, 138, 143, 146, 150, 157, 161, 163, 177); Alfred Ludwig, Mannheim, (35 oben, 36 oben, 39 oben, 40, 113, 117, 153); Inuit Galerie, Mannheim (Umschlaginnenseite, 22, 72, 80, 120, 172, 174, 181); alle übrigen Fotos wurden uns freundlicherweise vom Dänischen Fremdenverkehrsamt in Hamburg zur Verfügung gestellt.

Alfred Ludwig, geb. 1955 in Hemsbach an der Bergstraße, Studium der Rechtswissenschaft in Mannheim; heute in der pharmazeutischen Industrie tätig. Kennt den hohen Norden und insbesondere Grönland von zahlreichen Reisen mit mehrwöchigen Wanderungen. Alfred Ludwig ist auch Autor von Mai's Weltführer »Alaska mit Yukon-Territory«.

Verlag und Verfasser sind für Verbesserungsvorschläge und ergänzende Anregungen jederzeit dankbar.

CIP-Titelaufnahme der Deutschen Bibliothek

Ludwig, Alfred
Grönland: Reiseführer mit Landeskunde / von
Alfred Ludwig. – 3., überarb. u. erw. Aufl. -
Buchschlag bei Frankfurt:
Mai's Reiseführer Verlag, 1991
(Mai's Weltführer)
ISBN 3-87936-208-4
NE:GT

3., überarbeitete und erweiterte Auflage 1991

Alle Rechte vorbehalten
© Mai Verlag GmbH & Co. Reiseführer KG 1991
Anschrift: Mai's Reiseführer Verlag, Quellenweg 10, D-6072 Dreieich
Umschlagentwurf und Typographie: Ingo Schmidt di Simoni, Dreieich
Karten: Gert Oberländer, München; Skizzen: Wilma Vermeer
Herstellung: Fuldaer Verlagsanstalt GmbH, Fulda
Printed in Germany

ISBN 3-87936-208-4

Inhalt

Teil 1: Landeskunde

Landesnatur und Bevölkerung
Lage und Größe	9
Landschaft	9
Eisberge	11
Das Inland-Eis	13
Klima	13
Pflanzenwelt	15
Tierwelt	16
Bevölkerung	20

Geschichte
Urgeschichte	23
Nach der Zeitenwende	24
Die Wikinger	24
Die Walfängerzeit	27
Die Ankunft Hans Egedes	28
Die Erforschung des Landes	28
Das neue Grönland	31
Zeittafel zur Geschichte	41

Staat und Verwaltung
Regierung	43
Parteien	44
Rechtsordnung	44
Außenpolitik und Landesverteidigung	45
Wappen und Flagge	46
Verwaltungsgliederung	47

Wirtschaft
Fischerei 49
Schaf- und Rentierzucht 50
Jagd 50
Die Robbenjagd und die Kampagne der Tierschützer 51
Die Eisbärjagd 52
Der Walfang 53
Die Vogeljagd 54
Bodenschätze und Energie 54
Handel 56
Tourismus 58
Geld- und Kapitalmarkt 58
Arbeits- und Sozialwesen 59
Lebensstandard 60
Wohnungsbau 60
Soziale Verhältnisse 62

Kulturelle Grundlagen
Sprache 64
Religion 65
Bildung 66
Massenmedien und kulturelles Leben 68
Sport 70
Volkskunst 72

Mensch und Gemeinschaft
Mentalität 74
Familie und Sippe 75
Die Stellung der Frau 76
Trachten 78
Tätowierung 80

Grönländische Eigenheiten
Die Robbe im Mittelpunkt des Lebens 81
Kajak und Umiak 84
Der Hundeschlitten 86
Der Iglu 88

Teil 2: Praktischer Reiseführer

Anreise und Verkehr
Vorbemerkung 90
Reisen nach Grönland 92
Reisen in Grönland 93

Südgrönland
Narssarssuaq 97
Ausflüge 98
Narssarssuaq als Ausgangspunkt mehrtägiger Wanderungen 101
Narssaq 104
Ausflüge 105
Qaqortoq (Julianehåb) 107
Ausflüge 109
Zwischen Qaqortoq und Nanortalik 110
Nanortalik 113
Ausflüge 115

Vom Süden in die Landeshauptstadt Nuuk (Godthåb)
Verkehrsmöglichkeiten 120
Pamiut (Frederikshåb) 121

Nuuk (Godthåb)
Lage und Geschichte 122
Stadtrundgang 126
Nuuk von A bis Z 128
Ausflüge 131

Zwischen Nuuk und der Disko-Bucht
Manitsok (Sukkertoppen) 136
Sisimiut (Holsteinsborg) 137
Ausflüge 141
Søndre Strømfjord 142

Die Disko-Bucht
Lage und Bedeutung 145
Ausiait (Egedesminde) 145

Ausflüge 147
Qasigianguit (Christianshåb) 149
Ilulissat (Jakobshavn) 151
Ausflüge 156
Qeqertarssuaq (Godhavn) und die Insel Disko 160

Die Städte nördlich der Disko-Bucht
Umanaq 164
Upernavik 168

Nordgrönland
Thule 170
Peary Land 173

Ostgrönland
Natur und Geschichte 175
Angmagssalik und die Siedlungen 176
Scoresbysund 180

Reise-Informationen von A bis Z
Auto 182 · Camping 182 · Devisen 182 · Einreise- und Aufenthaltsbestimmungen 183 · Feiertage 183 · Fotografieren 184 · Geschäftszeiten 184 · Gesundheitliche Vorsorge 184 · Hotels 185 · Information 185 · Jugendherbergen 186 · Karten 187 · Kleidung 187 · Lebenshaltungskosten 188 · Maße und Gewichte 188 · Mitternachtssonne 188 · Post und Telefon 189 · Reisezeit 189 · Souvenirs 190 · Speisen und Getränke 191 · Sportmöglichkeiten 193 · Sprache 196 · Staatsangehörigkeit 196 · Stromspannung 196 · Taxis 196 · Trinkgelder 197 · Unterkunft 197 · Währung 199 · Zeitdifferenz 199 · Zeitungen und Zeitschriften 200 · Zollbestimmungen 200

Wichtige Anschriften für deutschsprachige Besucher 201

Kleine Sprachkunde in Grönländisch und Dänisch 205

Bibliographie 211

Register 216

Landesnatur und Bevölkerung

Lage und Größe
Grönland, in der Landessprache Kalaallit Nunaat, »Land der Menschen«, ist mit einer Gesamtfläche von 2 175 600 km² die größte Insel der Erde und rund 52mal so groß wie das Mutterland Dänemark. Die Gesamtlänge der Insel beträgt 2670 km, die größte Breite 1060 km, was der Entfernung von München nach Kairo bzw. von Frankfurt nach Barcelona entspricht. Der größte Teil Grönlands liegt im Bereich des nördlichen Polarkreises. Die äußersten Punkte sind im Norden Kap Morris Jesup (83°39' nördliche Breite) und im Süden Kap Farvel (59°46' nördliche Breite), das ungefähr auf der Höhe Oslos liegt; im Osten markieren Kap Nordostrundigen (11°39' westliche Länge) und im Westen Kap Alexander (73°08' westliche Länge) die extreme Ausdehnung der Insel.
Die umgebenden Gewässer sind im Süden der Atlantik, im Norden das Nördliche Eismeer, im Osten erstreckt sich das Grönlandmeer zwischen der Insel und Spitzbergen, im Südosten trennt die Dänemarkstraße die Insel von Island, im Westen liegen die Baffinbucht und die Davisstraße zwischen Grönland und Kanada.
Die Entfernung nach Mitteleuropa beträgt rund 4000 km. Die Insel Island ist an der schmalsten Stelle im Südosten 240 km und das Nachbarland Kanada sogar nur 26 km von der Nordwestküste entfernt.

Landschaft
So unterschiedlich wie Polarnacht und Mitternachtssonne, die das Leben in arktischen Breiten bestimmen, ist auch die grönländische Landschaft. Nur wenige Kilometer trennen blumenbewachsene Fjordtäler von riesigen Eiswüsten und schwimmende Eisberge von heißen Quellen. Beim ersten Blick auf die Landkarte scheint allerdings ganz Grönland unter einer Eisschicht begraben zu liegen, und in der Tat sind auch 80 % der Landesfläche vom sogenannten Inlandeis bedeckt.

Ausgespart von diesem natürlichen Panzer ist aber ein eisfreier Küstenstreifen, der sich mancherorts nur wenige hundert Meter, an anderen Stellen hingegen bis zu 250 km ausbreitet. Das größte eisfreie Gebiet, das immerhin die Größe Dänemarks besitzt, ist Peary Land im äußersten Norden, wegen seiner extremen Temperaturen ist es jedoch unbewohnt. Vergleicht man nun diesen Küstenstreifen mit dem Rand einer länglichen Schale und denkt sich darin das Inlandeis als Zuckerberg, der fast bis an den Rand heranreicht, z.T. sogar darüber hinwegfließt, so entspricht dies in etwa dem Relief des Landes. Über der kristallinen Rumpfscholle, die im Innern der Insel teilweise 250 m unterhalb des Meeresspiegels liegt, erhebt sich eine bis zu 3000 m dicke Eisdecke. Wären nicht um die ganze Insel im Bereich des eisfreien Küstenstreifens gewaltige Bergketten, würde sich das Inlandeis durch sein eigenes Gewicht ins umliegende Meer drücken. Die Eismassen, die bei einem Abschmelzen den Wasserspiegel der Weltmeere um ca. 6 m anheben würden, können so nur an wenigen Stellen als Gletscher ins Meer gelangen. Doch allein schon einer der bekanntesten Gletscher, der Jakobshavner Eisgletscher, schiebt mit einer Geschwindigkeit von 30 m pro Tag jährlich ca. 20 Mrd. Tonnen Eis ins Meer. Weitere bekannte Gletscher sind der ca. 100 km breite Humboldt-Gletscher an der Nordostküste, der Upernavik-Gletscher an der Westküste und der 160 km lange Christian IV-Gletscher an der Ostküste. Die Mündungszungen der Gletscher ins Meer sind Entstehungsorte der zahlreichen Eisberge (kürzer und fachmännischer sagt man, die Gletscher »kalben«), die dann, je nach Strömungsverlauf, entlang der grönländischen Küste ins offene Meer treiben. Trotz der gewaltigen Menge an Inlandeis, die sich täglich ins Meer schiebt, verändert sich die Masse des gigantischen Eispanzers insgesamt nur wenig. Die Verluste werden durch die sofort gefrierenden Niederschläge wieder ausgeglichen.

Die höchsten Berge des Landes liegen alle an der Ostküste zwischen der Blosseville-Küste und den Kronprinz-Frederik-Bergen. Sie erreichen beachtliche Höhen: Gunnbjørns Fjeld ist 3733 m, Mont Forel 3365 m und der Perfektnunatak 3010 m hoch.

An der Mitte der Ostküste finden wir mit dem 314 km langen Scoresby-Sund den größten Fjord der Welt. Nordre Strømfjord (190 km) und Søndre Strømfjord (170 km) sind die bekanntesten Fjorde der Westküste. Tief eingeschnittene Meeresarme finden sich fast im gesamten Küstenbereich. Bei einer derart starken Zergliederung wundert es

nicht, daß die Länge der Küstenlinie Grönlands mit insgesamt 39 100 km in etwa dem Erdumfang am Äquator entspricht.
Unzählige Inseln sind der Küste vorgelagert. Manche schauen als vom Eis abgeschliffene Schären nur wenige Meter aus dem Wasser, andere ragen, wie die größte grönländische Insel Disko, 1919 m steil empor. Die Fläche allein dieser Insel entspricht mit 8578 km² fast der Größe der Mittelmeer-Insel Kreta. Überall auf dem Festland oder den Inseln findet man Seen, die von Gletschern gespeist oder von Regen, Schnee und Schmelzwasser gebildet werden. Die meist nur kurzen, schnellfließenden Flüsse und Bäche sind ebenso wie alle anderen grönländischen Gewässer sehr sauber und ausgesprochen fischreich.

Eisberge

Mit zu den faszinierenden Besonderheiten Grönlands gehören sicher die Eisberge, und es dauert meist nicht lange, bis die Frage auftaucht, wieviel von der Masse dieser schwimmenden Naturphänomene nun eigentlich über und wieviel unter Wasser schwimmt. Dies läßt sich nicht einheitlich beantworten. Die Zahlen schwanken zwischen ein Sechstel bis ein Zehntel der Überwassermasse, denn je nach eingeschlossenem Sauerstoffanteil und beim Entstehungsvorgang vorhandenem Druck variiert die Dichte des Eises. Ganz selten, wie etwa beim Untergang des als unsinkbar geltenden Schiffes »Titanic«, gibt es auch sogenannte »Supereisberge«, deren Eis unter derartig hohem Preßdruck steht, daß nur ein Zwanzigstel der Gesamtmasse aus dem Wasser schaut. Für die Schiffahrt sind diese Supereisberge natürlich besonders gefährlich: Ein Überwasseranteil von beispielsweise 5 m Höhe ist bei hohen Wellen kaum sichtbar, und der Zusammenprall mit der unter Wasser lauernden 100 m mächtigen glasharten Eismasse ist für jedes Schiff bei voller Fahrt tödlich.
Vor Grönlands Küsten kann man bis zu 100 m hohe Eisberge sehen, die nach den obigen Richtwerten 500 bis 900 m unter die Wasseroberfläche reichen. Solche Exemplare werden durch die Meeresströmung oft bis zu den Azoren getrieben. Viele dieser Riesen laufen allerdings auf Grund, und man erkennt an ihrer über dem Wasser liegenden Basis ringsum das Werk von Ebbe und Flut. Vor diesen durch die Gezeiten gekennzeichneten Eisbergen nehmen sich Fischer und Jäger in ihren kleinen Booten besonders in acht. Wochen oder monatelang nagt die starke Mittagssonne immer an der gleichen Stelle ihrer Oberfläche, bis

Eisberge in der Disko-Bucht

der Koloß endlich aus dem Gleichgewicht gerät, schwankt, sich dreht oder zerbricht. Unter ohrenbetäubendem Lärm stürzen dann die Eismassen ins Wasser, tauchen wieder auf, um nochmals nach einer anderen Richtung wegzukippen, bis endlich das neue Gleichgewicht gefunden ist. Die Ausläufer der dadurch ausgelösten meterhohen Flutwellen sind noch in 50 km Entfernung spürbar. Früher versuchten sich die Kajakfahrer durch eine sogenannte »Eskimorolle« (S. 84) vor den heranstürzenden Wassermassen zu retten, heute hilft meist nur die Flucht in PS-starken Motorbooten.

Nur noch selten sieht man heute Grönländer, die mit dem Boot Eisberge zur Ergänzung des Trinkwasserbedarfs »sammeln«. Hier ist zu unterscheiden zwischen Meereis aus Salzwasser und Gletschereis, das aus Süßwasser besteht. Das im Winter gefrorene Meereis erreicht leicht eine Dicke von 5 m, bei Eispressung und Überschiebung sogar wesentlich mehr. Es tritt aber nur im Winter als mehr oder weniger zusammenhängende Eisdecke auf und verfügt nicht über den großartigen Formenreichtum von Gletschereisbergen, die Grönlands Gewässer weitaus stärker charakterisieren. Neben der geringen Größe erreicht Meereseis auch wegen des geringeren Drucks nie die Festigkeit von Gletschereis.

Das Inlandeis

Wieso, so muß man sich fragen, ist Grönland eigentlich mit einem derartigen Eispanzer bedeckt, während dies bei anderen Ländern in der gleichen nördlichen Breite, wie etwa Alaska, Kanada, Skandinavien oder der Sowjetunion, nicht der Fall ist? Alle diese genannten Länder waren in der letzten Eiszeit mit einer ebensolchen Eismasse bedeckt, die dann in der nachfolgenden Wärmeperiode wieder abschmolz. Wie schon oben angedeutet, liegt aber das mit Eis bedeckte grönländische Festland überwiegend tiefer als die es umgebenden Küstengebirge. Wie in einer Schale blieben daher die Eismassen bis auf den heutigen Tag gefangen.
Die gesamte grönländische Inlandeisfläche von ca. 1,7 Mill. km² und 2,5 Mill. km³ kann man, grob betrachtet, in zwei Kuppeln unterteilen. Die nördliche Kuppel mit einer Höhe bis zu 3200 m wird durch eine Senke von der bis zu 2900 m hohen südlichen Kuppel getrennt. Diese Senke, die nach dem Schweizer Geophysiker und Grönlandforscher Alfred de Quervain benannt ist, der 1912/13 als erster das Inlandeis von Osten nach Westen überquerte, verläuft zwischen Angmagssalik an der Ostküste und der Disko-Bucht an der Westküste.

Klima

Grönland gehört klimatisch zur arktischen Zone, die dadurch definiert ist, daß selbst im wärmsten Monat die Durchschnittstemperatur unter 10°C liegt. Die Wintertemperatur ist bei der Feststellung der Klimazonen ohne Bedeutung, so daß in anderen Regionen daher im Winter Temperaturen gemessen werden können, die unter denen Grönlands liegen. Während die sommerlichen Durchschnittstemperaturen zwischen Nord- und Südgrönland nur wenig variieren, treten im Winter gewaltige Temperaturunterschiede auf. Ähnliches gilt auch für den Temperaturvergleich zwischen Inlandeis und eisfreiem Küstenstreifen. So beträgt die Sommerdurchschnittstemperatur im Inneren Grönlands −11°C gegenüber +12°C an der Westküste.
Bedeutenden Einfluß auf das Klima haben die Grönland passierenden Meeresströmungen. So führt der kalte Polarstrom auch im Sommer

Inlandeis bei Mitternachtssonne

große Eismassen an der Ostküste entlang und hält die Temperaturen niedrig. Das unwirtliche Klima bewirkt, daß sich dort, von Wetterstationen abgesehen, nur zwei Siedlungen befinden. Die im Einfluß des Golfstromes liegende Westküste bildet dagegen den Hauptlebensraum der Grönländer.
Im Südwesten steigt die Temperatur im Sommer sogar über 20°C (der Höchstwert liegt bei 28°C), wobei in der Nacht nur selten leichte Minustemperaturen zu erwarten sind. Die Vergleichswerte für Nordgrönland liegen bei +5°C bzw. –5°C. Während im Süden das Thermometer im Winter kaum unter –20°C abfällt, werden im Norden durchaus bis zu –50°C erreicht. Die kälteste bisher in Grönland gemessene Temperatur, –70°C, wurde am 8.1.1954 bei der Station Northice registriert. Die niedrigen Temperaturen werden für die Bewohner dadurch erträglich, daß es sich um eine trockene Kälte handelt. Beispielsweise wurden in Thule (Nordgrönland) für die Monate Februar und März im langjährigen Mittel keinerlei Niederschläge registriert, der Jahresdurchschnitt der durch Verdunstung erzeugten Nie-

derschläge liegt bei 78 mm. So wie in Richtung Norden die Temperaturen abnehmen, nehmen also auch die Niederschläge ab. Qaqortoq (Julianehâb) in Südgrönland verzeichnet dagegen z.B. eine Niederschlagsmenge von 949 mm im Jahresdurchschnitt, Prins Christians Sund im äußersten Süden sogar von 2857 mm.

Da die Luftfeuchtigkeit aber generell weit niedriger liegt als in Mitteleuropa und auch das Phänomen der Luftverschmutzung weitgehend unbekannt ist, genießt man in Grönland eine außergewöhnlich gute Fernsicht. An rund 255 Tagen des Jahres beträgt sie mehr als 20 km, und an ca. 146 Tagen kann man sogar weiter als 50 km sehen. Besonders im Winter kommt es von Zeit zu Zeit zu orkanartigen Stürmen, die oft großen Schaden anrichten. Ihre Entstehung ist daraus zu erklären, daß das Inlandeis bis zu 90 % der Sonnenstrahlen reflektiert und dadurch im Sommer die Luft erwärmt. Im Winter bleibt diese Erwärmung aus, so daß die kalte Luft auf die »Warmluft« der Meere trifft. Für die dabei entstehenden, bis zu 320 km/h schnellen Winde gibt es in den häufiger betroffenen Gebieten unterschiedliche Namen. In Angmagssalik an der Ostküste, wo sie z.B. *piteraq* genannt werden, hat im Winter 1970 ein solcher Orkan die Stadt verwüstet.

Durchschnitts- temperaturen in °C	Thule	Angmag- ssalik	Ilulissat (Jakobshavn)	Qaqortoq (Julianehâb)
Januar	– 22	– 8	– 14	– 3
April	– 16	– 1	– 5	2
Juli	6	8	11	7
Oktober	– 10	0	– 3	1
Niederschläge in mm				
Februar	0	50	3	7
Juli	11	40	18	90
November	1	100	16	73

Pflanzenwelt

Von kleinen Birkenwäldchen abgesehen, fehlt dem Land aufgrund der besonderen klimatischen Verhältnisse jeglicher Baumbestand. Diese kleinen Birkenwäldchen mit bis zu 6 m hohen Bäumen findet man zudem nur ganz im Süden Grönlands im Innern der geschützten Fjorde. Die dicht aneinanderliegenden Jahresringe der Stämme zeugen vom langsamen Wachstum unter arktischen Verhältnissen und geben gleichzeitig dem Holz eine hohe Festigkeit. Aber auch ohne Wald trägt Grönland seinen Namen »grünes Land« nicht zu Unrecht. Die Westküste ist im Sommer bis weit hinauf in den Norden reich an ausgedehnten saftig grünen Wiesen mit bunten Blumen. Über 500 verschiedene Pflanzen und 1000 verschiedene Flechtenarten hat man auf Grönland bisher festgestellt, darunter fünf Orchideenarten und zahlreiche Alpenpflanzen.

24 Stunden Sonne rufen im kurzen Sommer eine fast schon explosionsartig zu nennende Entfaltung der Natur hervor. Eßbare Beeren wie Blaubeeren, Preiselbeeren, Rauschbeeren und Mehlbeeren ergänzen dann den Speisezettel der Grönländer, Prachtexemplare von Pilzen, darunter Steinpilze, Maronen, Birkenpilze und Rotkappen, sorgen für zusätzliche Abwechslung. Eine an Größe herausragende Pflanze ist die Gebirgsangelika, die eine Höhe von 2 m erreicht. Die jungen Stengel ähneln im Geschmack unserem Rhabarber. Neben der leuchtendgelben Butterblume, der Glockenblume und dem flauschigbeigen Wollgras findet man häufig weißen und blauen Ehrenpreis, Läusekraut, Frauenmantel und verschiedene Farnarten. In klimatisch weniger begünstigten Regionen bilden Flechten in vielerlei Variationen ein ausdauerndes Pflanzenkleid. Besonders erwähnt sei hier noch das purpurrote Weideröschen. Die Grönländer haben es zu ihrer Nationalblume erkoren und nennen es *niviarsiaq* – die Jungfrau. Einen guten Eindruck von der Anpassungsfähigkeit an extreme Klimabedingungen vermittelt der kleine Purpursteinbrech. Selbst bei Temperaturen von −15 bis −20°C leuchtet ab März seine rote Blütenpracht inmitten der sonst leblosen Natur an windgeschützten schneefreien Stellen dem Betrachter entgegen.

Alle grönländischen Pflanzen entwickeln sich nur langsam. Es dauert meist mehrere Jahre, bis zuerst Blätter und Stengel, im folgenden Sommer Blütenknospen und eventuell noch ein Jahr später Blüte und Samen ausgereift sind. Wie leicht verletzbar die Natur unter diesen Bedingungen ist, liegt auf der Hand.

Tierwelt

Im gesamten Küstenbereich Grönlands sind Schneehasen, Rentiere

Rechts: Üppige Sommervegetation in Südgrönland

und Füchse (weißer Tundrafuchs und blauer Küstenfuchs) häufig anzutreffen, auch Lemminge (kleine arktische Mäuse) und Hermeline sind oft zu sehen. Sehr selten geworden ist dagegen der Polarwolf. Als Nutztiere werden in Südgrönland Schafe und Ponys gehalten, weiter im Norden sieht man dann die berühmten grönländischen Schlittenhunde (S. 86).
Der Eisbär, Grönlands Wappentier, lebt in Nord- oder Nordostgrönland, wo 1974 ein Gebiet von 700 000 km² zum größten Nationalpark der Welt erklärt wurde. Nach einer Erweiterung im Jahr 1988 umfaßt der Nationalpark heute eine Fläche von 972 000 km². Er ist damit größer als Großbritannien und Frankreich zusammen. Nachdem der »König der Arktis« lange Zeit als vom Aussterben bedroht galt, dürfte bei einem geschätzten Bestand von 1000–1500 Exemplaren innerhalb der Grenzen des Nationalparks ein Überleben der 600–800 kg schweren und bis zu 2,80 m großen Tiere gesichert sein. Manchmal kommt es vor, daß ein Eisbär, auf einer Scholle im Meer treibend, bis nach Südgrönland vordringt, dort in Schafherden einbricht und mit seiner Beute die lange Wanderung zurück über das Inlandeis nach Norden antritt.
Im Nationalpark findet auch der Moschusochse, der entgegen seinem Namen mit der Familie der Ziegen verwandt ist, ideale Lebensvoraussetzungen. Moschusochsen waren früher wegen ihres dichten schwarzbraunen Fells mit weicher hellbrauner Unterwolle eine sehr begehrte Jagdtrophäe; in Alaska waren sie deshalb bereits Mitte des 19. Jh.s ausgerottet. In Grönland stehen die in Herden lebenden Tiere seit 1950 unter absolutem Schutz. Gegen Feinde aus ihrer natürlichen Umwelt haben die Moschusochsen eine besondere Taktik entwickelt: Droht Gefahr, so bilden die starken Tiere eine kreisförmige Phalanx, hinter der Kälber und Färsen Schutz finden.
Wegen des über lange Zeiträume hinweg gefrorenen Bodens kommen Amphibien und Kriechtiere in Grönland kaum vor, doch gibt es überraschend viele Insekten: Mückenschwärme können lm Sommer zu einer rechten Plage werden, Bienen und Schmetterlinge beleben die Wiesen während der warmen Jahreszeit.
Besonders reich an Lebewesen sind die Gewässer der arktischen Insel. Entlang der Küste leben heute noch 17 verschiedene Walarten darunter der Grönlandwal (Balaena misticetus), der 18–24 m lang wird. Da er vom Aussterben bedroht ist, steht er, ebenso wie der 31 m lange Blau-

wal (Balaenoptera musculus), unter Naturschutz. Häufiger trifft man dagegen den ca. 2,5 m langen Tümmler (Phocaena phocaena), den 4–6 m langen Weißwal (Delphinapterus leucas), den 6–7 m langen Grindwal (Globicephalamelas) und den Finnwal (Balaena physalus), der bis zu 25 m lang werden kann.

Die Tiere, die von jeher im Mittelpunkt des grönländischen Lebens stehen, sind die Seehunde und Robben (S. 81). Obwohl eine zu Beginn dieses Jahrhunderts einsetzende Klimaveränderung zu einer Erwärmung des Wassers und damit zum Abwandern der Seehunde führte, sind sie auch heute noch (oder wieder) entlang der gesamten Küste anzutreffen. Neben der am häufigsten vorkommenden Ringelrobbe (Phoca hispida), deren Bestand in Grönland auf ca. 300 000 geschätzt wird und die ausgewachsen eine Länge von 1 m und ein Gewicht von 90 kg erreicht, bevölkern hauptsächlich Grönlandrobben (Pagophilus groenlandicus) und Klappmützen (Cystophora cristata) das Meer.

Eisbär

Die Wassererwärmung zu Beginn unseres Jahrhunderts hatte aber nicht nur das teilweise Abwandern der Robben zur Folge, sondern brachte auch große Schwärme von Dorschen (zu denen auch der Kabeljau zählt) in die grönländischen Gewässer. Besonders zahlreich sind daneben Meerkatze, Rotfisch, Steinbeißer und Heilbutt. In den klaren Bächen und Seen der Insel findet man Forellen und Lachse. Im hohen Norden Grönlands, im Bereich des Nationalparks, ist das Walroß beheimatet. Die massigen, 800–1500 kg schweren Tiere wirken nur auf dem Land unförmig und plump, im Wasser erweisen sie sich dagegen als exzellente Schwimmer. Wegen der begehrten säbelartig ausgebildeten Eckzähne, die bis zu 75 cm lang und 3 kg schwer werden, ist ihr Bestand zurückgegangen, so daß man die Tiere außerhalb des Schutzgebietes nur noch selten findet.
Von den über 200 Vogelarten seien hier nur Alken, Eiderenten, Lummen, Schnee-Eulen, Schneehühner, Seeadler, Falken und Seekönige genannt. Sehr zahlreich sind die verschiedenen Möwenarten. Der größte Teil der in Grönland lebenden Vögel sind Wasservögel oder Arten, die sich aus dem Meer ernähren.

Bevölkerung
Setzt man, wie dies zur Wiedergabe der Bevölkerungsdichte üblich ist, die Einwohnerzahl Grönlands in Bezug zur Gesamtfläche, so erhält man den statistischen Wert von 0,022 Einwohnern pro km². Im Vergleich zur alten Bundesrepublik Deutschland mit 244 Einwohnern pro km² erscheint Grönland gleichsam unbewohnt, und in der Tat leben im gesamten Land nur ca. 55 500 Menschen (1990). Sie verteilen sich auf 90 Siedlungen, wobei in der Hauptstadt Nuuk (Godthåb) mit 12 000 Einwohnern bereits ein Fünftel der Gesamtbevölkerung lebt. Diese Massierung in den größeren Orten ist nicht zufällig entstanden. In den letzten Jahren wurden viele kleine abgelegene Siedlungen wegen der hohen Versorgungskosten aufgegeben und die Menschen in den Städten konzentriert. Lebten im Jahr 1950 erst rund 50 % der Bevölkerung in Städten, so sind es heute bereits über 80 %. Die immer stärkere Rückbesinnung auf die eigene Kultur scheint diese unheilvolle Entwicklung jedoch neuerdings gestoppt zu haben.
Der Großteil der Grönländer lebt an der Westküste, wo neben Nuuk (Godthåb) auch die anderen »großen Städte« des Landes liegen, wie Sisimiut (Holsteinsborg) mit 5000, Ilulissat (Jakobshavn) mit 4200,

Mutter mit Kind in der Eskimokapuze

Ausiait (Egedesminde) mit 3300, Manitsok (Sukkertoppen) mit 3100 und Qaqortoq (Julianehåb) mit 3150 Einwohnern. Insgesamt leben in Westgrönland ca. 51 000 Menschen, in Ostgrönland 3200, während Nordgrönland nur 750 Einwohner hat.
82 % der Bevölkerung sind eskimoischer Abstammung, der Rest ist überwiegend dänisch. mit Beginn des 17. Jh.s setzte eine Blutsvermischung ein, so daß es heute nur noch wenige reinrassige Eskimos gibt. Dennoch wird der Besucher bei den meisten Grönländern das deutlich asiatisch geprägte Aussehen bemerken.
Eine Zeitlang wuchs die Bevölkerung atemberaubend schnell, und man sprach bereits von einer Bevölkerungsexplosion. Lebten um 1800 etwa 6000 Menschen auf der Insel, so waren es um 1900 schon 12 000, und bis 1975 hatte sich auch diese Zahl wieder vervierfacht. Viele grönländische Frauen brachten noch bis vor wenigen Jahren 7–8 Kinder zur Welt und sorgten damit für den größten Geburtenüberschuß der Welt. Man rechnete für 1990 bereits mit einer Bevölkerungszahl von 75 000, doch haben Aufklärungskampagnen und eventuell auch der Wunsch nach einem bequemeren Leben die Geburtenrate gegenwärtig

auf zwei Kinder pro Familie zurückgeschraubt, so daß sich bis zum Jahr 2000 die Einwohnerzahl voraussichtlich nur um ca. 3–5000 erhöhen wird.
Grönland hat eine sehr junge Bevölkerung: 50 % der Einwohner sind unter 15 Jahre alt. (Zum Vergleich: In der alten Bundesrepublik Deutschland gehören nur 20 % der Bevölkerung dieser Altersgruppe an.) Aufgrund der besseren medizinischen Versorgung hat sich von 1950 bis 1970 die durchschnittliche Lebenserwartung für Frauen von 35 auf 70 und für Männer von 31 auf 60 Jahre verdoppelt. Daß Frauen eine um 10 Jahre höhere Lebenserwartung haben, hängt wohl auch mit den zahlreichen Jagd- und Fischereiunfällen der Männer zusammen.

»Fliegende Frau« der Eskimokünstlerin Jessie Oonark

Geschichte

Urgeschichte
Um 2000 v. Chr. wanderten erstmals Menschen nach Grönland ein. Die Angehörigen dieser sogenannten Independence I-Kultur waren, soweit man heute weiß, asiatischer Abstammung; sie bildeten also einen Teil der großen Wanderbewegung, die von Sibirien ihren Ausgangspunkt nahm und vor allem nach Nordamerika, aber auch nach Grönland strömte. Untersuchungen des Inlandeises ergaben, daß zu der Zeit, als diese Menschen die schmale Meerenge zwischen Kanada und Grönland überquerten, ein angenehmeres Klima im Lande herrschte als heute. Schon damals bildete die Jagd auf Robben, Rentiere und Moschusochsen die Lebensgrundlage der Bewohner. Ca. 1000 v. Chr. kamen erneut Menschen des gleichen Volksstammes über die Meerenge und siedelten sich im Norden an. Man bezeichnet Fundstellen aus dieser Zeit als Zeugnisse der Independence II-Kultur.
Schon zur Zeit der Independence I-Kultur hatte eine weitere Einwanderungswelle Grönland erreicht. Diese Menschen gehörten einem anderen asiatischen Volksstamm an, und vielleicht auch aus diesem Grunde siedelten sie sich nicht im Norden an, sondern wanderten entlang der Westküste bis in die Disko-Bucht. Nach einem Fundort im Norden der Bucht unterscheidet man sie als Sarqaq-Kultur. Mit diesen neuen Einwanderern kamen erstmals Hunde nach Grönland, die allerdings noch nicht als Zugtiere, sondern als Lastenträger eingesetzt wurden. Als Jagdgerät benutzten die Sarqaq-Menschen Pfeil und Bogen.
Um Christi Geburt kam mit den Dorset-Eskimos ein weiteres neues Volk ins Land. Benannt nach Cape Dorset in Kanada, diente ihnen ausschließlich der Speer als Jagdgerät. In dieser Zeit, in der die Temperaturen immer mehr zurückgingen, bauten sie erstmals den Iglu als Unterkunft.

Nach der Zeitenwende
Als letztes asiatisches Volk kam ca. 1000 n. Chr. das Thule-Volk, benannt nach einer Fundstelle in der Nähe des gleichnamigen Ortes, ins Land. Dieses Thule-Volk war allen anderen Stämmen bei weitem überlegen und auf die Lebensverhältnisse in arktischen Breiten hervorragend eingestellt. Erstmals in der grönländischen Geschichte benutzten sie einen Kajak (S. 84) zur Robbenjagd und rückten dem Wal mit dem Umiak, einem großen Transportboot aus Tierhaut, zu Leibe. Im Winter brachten lange Jagdreisen mit dem Hundeschlitten reiche Beute. Die Menschen der Dorset-Kultur gingen nach friedlichem Zusammenleben bald in der weiter entwickelten Thule-Kultur auf. Diese Gemeinschaft war sehr erfolgreich und eroberte sich einen immer größeren Lebensraum. Auf der Suche nach neuen Jagdrevieren drang man weiter nach Süden vor, besiedelte die gesamte Westküste und erreichte um 1400 den Angmagssalik-Bezirk an der Ostküste. Die Menschen der Westküste blieben innerhalb ihrer Jagdreviere in ständigem Kontakt mit den Nachbarsiedlungen, die Verbindung nach Ostgrönland riß hingegen, von zufälligen Begegnungen abgesehen, ab. Ursprünglich lebten die Thule-Eskimos als nomadisierende, relativ unabhängige Familiengemeinschaften; Häuptlinge oder übergreifende Organisationsformen gab es nicht. Ab etwa 1300 ließen sich aber immer mehr Menschen auch in ständigen Siedlungen nieder. Wegen der veränderten Sozialstruktur – gegenseitige Rücksichtnahme in einer dauernden »großen« Gemeinschaft war den Eskimos bis dahin fremd – bezeichnet man diese Phase als Beginn der Inugsuk-Kultur, womit kein neues Volk, sondern eine Stufe der Fortentwicklung gemeint ist. Heute sind alle Menschen grönländischer Abstammung Nachkommen des starken Thule-Volkes.

Die Wikinger
Die ersten Europäer, die nach Grönland kamen, waren die Wikinger, die auch Nordmänner oder Normannen genannt werden und ursprünglich in Skandinavien beheimatet waren. Die Wikinger, die schon im Jahre 874 in Island seßhaft geworden waren, unterhielten einen regen Handelsverkehr mit dem europäischen Festland. Auf einer dieser Handelsfahrten wurde im Jahre 875 der Norweger Gunnbjørn bei starkem Sturm mit seinem Schiff weit an Island vorbeigetrieben. Er glaubte ganz am Horizont eine Gebirgskette zu erkennen, doch bei

Bischofsstab aus der Domkirche von Gardar

Sturm und Eis konnte er nicht weiter vordringen. Durch Sagen und Erzählungen verbreitete sich die Kunde von diesem unbekannten Land, und heute nimmt man an, daß sich Gunnbjørn nicht getäuscht und damals die später nach ihm benannten höchsten Berge Grönlands gesehen hatte. Die eigentliche Entdeckung Grönlands durch die Europäer blieb jedoch dem Wikinger Erik dem Roten vorbehalten. In den nordischen Sagas kann man nachlesen, daß Erik der Rote wegen Mordes nach Island verbannt worden war. Doch auch dort konnte er nicht lange bleiben. Nach erneuten Fehden wurde er vom isländischen Thing für drei Jahre geächtet und für vogelfrei erklärt. Der rothaarige Erik rettete sich mit seiner Familie und etlichen Getreuen auf ein Schiff und steuerte in nordöstliche Richtung. Er folgte den Spuren Gunnbjørns und erreichte 982, vor etwas mehr als tausend Jahren also, Grönland. In den drei Jahren seiner Verbannung erkundete Erik große Teile der Westküste und kehrte 985 mit dem Entschluß, in Südgrönland eine Siedlung zu errichten, nach Island zurück. Er nannte die neue Land »Grönland«, und bei dem Gedanken an grünes Weideland hatten sich bald 400 Siedler um ihn geschart, die mit ihm ziehen wollten. Doch nur 14 von 35 Booten erreichten bei schwerem Sturm die

verheißene Insel, viele Schiffe gingen in den Wellen unter, andere drehten um. Auf Grönland ließen sich die Wikinger in zwei Siedlungsregionen nieder, in der Østerbygd im Süden und in der Vesterbygd im Godthåb-Fjord.
Im Jahre 1000 trat die Bevölkerung zum Christentum über. Die Gattin Eriks des Roten ließ in Brattahlid nahe ihrem Wohnsitz eine Kirche bauen. Im gleichen Jahr entdeckte Leif, Eriks Sohn, die Küste Neufundlands und damit Amerika.
Die Bedeutung Grönlands wuchs ständig. 1126 wurde in Gardar nahe dem heutigen Igaliko in Südgrönland ein Bischofssitz eingerichtet und ein Dom gebaut, der mit 27 m Länge nicht nur für Grönland, sondern auch für das damalige Nordeuropa eine stattliche Größe erreichte – nur die Erzbischofskirche im norwegischen Trondheim übertraf dieses Bauwerk. Um das Jahr 1300 lebten auf 280 Höfen bereits 4500 Normannen im Land. Lange Jagd- und Erkundungsfahrten führten sie weit hinauf bis nördlich von Upernavik, wo man auf der Insel Kingigtorssuaq, 72°58' nördliche Breite, einen Runenstein fand.
Dunkelheit überschattet die Folgejahre. Das letzte Zeugnis einer Verbindung mit Norwegen stammt von 1347, das letzte Zeugnis des Christentums trägt das Datum 1408, als in der Kirche von Hvalsey, nahe dem heutigen Qaqortoq (Julianehåb), eine Ehe geschlossen wurde. Aus unerklärlichen Gründen riß die Verbindung zu Norwegen und Island ab. Dies löste dort jedoch keinerlei Unruhe aus, denn man wußte in Grönland einige Tausend Landsleute in sicherer Selbstversorgung. Erst 1721 wollte man es genau wissen, und so machte sich der dänisch-norwegische Missionar Hans Egede (S. 28) auf die Suche nach seinen Glaubensbrüdern. Egede fand nur noch Ruinen – die Wikinger waren verschwunden.
Viele Theorien wurden seither über dieses Verschwinden entwickelt. Waren die Menschen von Krankheiten dahingerafft oder von den vorrückenden Eskimos getötet worden? Haben sie sich mit diesen vermischt oder sind die Normannen nach Amerika weitergewandert, das sie schon lange kannten und dessen reiche Wälder sie zu schätzen wußten? Die wahrscheinlichste Erklärung liegt wohl darin, daß die Wikinger den Eskimos weichen mußten, so klingt es jedenfalls in einigen Sagen der Eskimos an.

Die Walfängerzeit

Schon die Normannen hatten Kontakt zu den Eskimos, ohne jedoch Einfluß auf deren Leben und Kultur auszuüben. Diese Isolation änderte sich schlagartig, als zu Beginn des 17. Jh.s die ersten Walfangschiffe vor der grönländischen Küste auftauchten. Im Gefolge der Handelsbeziehungen wurden auch die menschlichen Beziehungen immer enger, und nach mehreren Generationen gab es im gesamten Land nur noch wenige reinrassige Eskimos. Jährlich kamen bis zu 10 000 Walfänger aus Holland, England, Norwegen, Dänemark, Deutschland und sogar Basken von der fernen Iberischen Halbinsel. Sie gründeten bald erste eigene Stützpunkte in der Disko-Bucht und prägten eine neue Generation.

Über 150 Jahre intensiver Walfang waren allerdings selbst für die reichen grönländischen Gewässer zuviel, und die Ausbeute ging immer stärker zurück. Die eigentliche Wende und das Ende der grönländischen Walfänger-Ära kam im Jahre 1777, als etwa 100 Fangschiffe aller Nationen in der Davisstraße vom Eis umschlossen und in die Tiefe gedrückt wurden. Der Walfang hat sich nie mehr von dieser Katastrophe erholt, die Begegnungen Grönlands mit den seefahrenden Nationen wurden seltener.

Briefmarke zur 250-Jahrfeier der Hauptstadt Nuuk

Die Ankunft Hans Egedes
Nicht nur durch den Rückgang des Walfangs war inzwischen eine neue Epoche grönländischer Geschichte angebrochen. Bereits 1721 hatte der dänisch-norwegische Missionar Hans Egede (1686–1758) auf der Suche nach noch lebenden Landsleuten Grönland erreicht. Anfangs war er tief enttäuscht, daß er nur Eskimos vorfand, ließ sich aber mit seiner 46köpfigen Gruppe auf einer kleinen Insel am Eingang des Godthåb-Fjordes nieder (S. 132). Er studierte Sprache und Lebensgewohnheiten der Eskimos, pflegte deren Kranke und predigte das Christentum. 1728 schließlich siedelte der »Grönland-Apostel«, wie Egede auch genannt wird, an die Stelle der heutigen Landeshauptstadt Nuuk (Godthåb) über. 1736 kehrte Hans Egede nach Kopenhagen zurück und regte dort die Gründung eines Priesterseminars für die Grönlandmission an.

Auch sein Sohn, Paul Egede (1709–89), machte sich um die Erforschung der grönländischen Kultur verdient. Er entwickelte eine erste Grammatik der Eskimo-Sprache und veröffentlichte 1766 eine Übersetzung des Neuen Testaments ins Grönländische. Im Zeitalter der zunehmenden Aufteilung der Welt unter den europäischen Mächten lag es aber nicht im Interesse des dänisch-norwegischen Königshauses, die Beziehungen zu Grönland auf die Entsendung protestantischer Priester zu beschränken. Der Plan, die dänische Position in Grönland durch die Ansiedlung von Häftlingen zu stärken, wurde aber zum Glück bald wieder verworfen. mit der Einsetzung eines Militärgouverneurs verdeutlichte Dänemark jedoch seinen Herrschaftsanspruch über die ganze Insel und setzte diesen auch mit Hilfe einer kleinen Flotte gegenüber anderen Walfängernationen durch, die das dänische Handelsmonopol immer wieder mißachteten.

Die Erforschung des Landes
Das Bild Grönlands in den Augen der europäischen Welt präzisierte sich erst in einem Jahrhunderte währenden Prozeß. Noch der Brockhaus von 1884 verzeichnet beispielsweise die Nordgrenze der Insel als »völlig unbekannt« und nennt genau die Breitengrade, bis zu denen das Gebiet durch wagemutige Expeditionen damals erforscht war. Dabei hat die Erkundung der geographischen Gegebenheiten im Nordatlantik und damit auch die Erforschung Grönlands bereits sehr viel früher begonnen. Ihre Anfänge gehen zurück auf das 16. Jh., als im Zeitalter

Der »Grönland-Apostel«
Hans Egede

der Entdeckungen vor allem englische Seefahrer zu erkunden suchten, ob eine schiffbare Verbindung zwischen dem Atlantischen und dem Pazifischen Ozean existiere. So kam es, daß der englische Seefahrer Sir Martin Frobisher (1535–94) auf der Suche nach der sogenannten Nordwestpassage die kanadische Baffin-Insel entdeckte. Auf dem Weg dorthin segelte er auch um das grönländische Südkap herum. Da er wegen stürmischer See nicht an Land gehen konnte, gab er der Südspitze den Namen Cape Farewell – Lebewohl-Kap; die Grönländer nennen es heute Kap Farvel. Nachdem bereits 1615 der Brite William Baffin bis in die Gewässer vor Thule gesegelt war, erforschte der englische Walfänger William Scoresby gemeinsam mit seinem Vater die Grönlandsee und drang dabei in die damals nördlichste bekannte Region vor (81°30' nördliche Breite). 1822 unternahmen Vater und Sohn Scoresby eine weitere Expedition nach Ostgrönland. Der Scoresby-Sund an der Ostküste Grönlands, der größte Fjord der Erde, trägt seinen Namen zu Ehren der beiden wagemutigen Männer. 1853 erreichte der Amerikaner Elisha Kane als erster den Humboldt-Gletscher im Nordwesten der Insel. Robert Edwin Peary, ebenfalls ein Amerikaner, drang 1895 vom Thule-Gebiet aus über das Inlandeis bis zum Independence-Fjord vor, der das nach Peary benannte größte eisfreie Gebiet Grönlands nach Südosten hin abgrenzt. Erst als der

Paul Egede, der Erforscher der grönländischen Kultur

Däne Ludvig Mylius-Erichsen 1906 entlang der Ostküste diesen Independence-Fjord erreichte, wußte man sicher, daß Grönland eine Insel ist.
Die Erforschung des Landesinneren wurde durch den Schweden Adolf Erik von Nordenskiöld eingeleitet, der 1883 von der Westküste nahe Kangatsiaq aus ins Inselinnere vorstieß. Der Ruhm der ersten Überquerung des Inlandeises erntete der Norweger Fridtjof Nansen, als er 1888 von der Kong Frederik VI's Kyst im Osten aus mit Hilfe eines Hundeschlittens auf Skikufen (Nansenschlitten) den Godthåb-Fjord an der Westküste erreichte. Erst vier Jahre zuvor hatte Gustav Holm auf seiner berühmten »Frauenbootexpedition«, zu der er einen Umiak, das traditionell von Frauen geruderte Transportboot der Eskimos, benutzte, im Angmagssalik-Gebiet eine bis dahin unbekannte, völlig isoliert lebende Eskimogemeinschaft entdeckt. Die Folgejahre brachten eine Vielzahl von Expeditionen. Peary gelangte am 6. April 1909 als erster in unmittelbare Nähe des Nordpols. (Der Entdeckerruhm wird ihm von dem Amerikaner Frederick Cook streitig gemacht, der beanspruchte, bereits 1908 den Pol erreicht zu haben. Über die Berechtigung dieses Anspruchs streiten sich die Fachgelehrten.) Das Jahr 1910 brachte die Einrichtung der Handelsstation Thule durch den dänischen Schriftsteller und Grönlandforscher Peter Freuchen und den auf

Grönland geborenen Polarforscher Knud Rasmussen, der zuvor bereits an mehreren Expeditionen teilgenommen hatte. 1913 überschritten Alfred Wegener und Johan Peter Koch das Inlandeis von Dronning Louise Land an der Ostküste nach Upernavik an der Westküste. Von 1915 bis 1924 leitete Knud Rasmussen die 2. bis 5. Thule-Expedition und reiste dabei mit dem Hundeschlitten quer über das Eis von Thule nach Alaska. Rasmussens Hauptanliegen galt der Erforschung der Eskimos, die ihn auch heute noch verehren. Als der deutsche Forscher Wolfgang von Gronau 1931 das Inlandeis in Ostwestrichtung überflog, fand eine lange Forschungsperiode ihren vorläufigen Abschluß.

Welche Risiken diese Männer auf sich genommen haben, ist in heutigen Zeiten technischer Perfektion kaum noch vorstellbar. Daß die Erforschung Grönlands – und des Nordpolargebietes insgesamt jedoch nicht nur von Erfolgen, sondern ebenso von gescheiterten Unternehmungen geprägt war, sei hier nur am Schicksal des deutschen Geophysikers und Meteorologen Alfred Wegener verdeutlicht, der 1930 beim zweiten Versuch, das Inlandeis zu überqueren, starb.

Auch heute sind immer noch zahlreiche Expeditionen in Grönland unterwegs. Wegen der hohen Kosten einer möglicherweise notwendigen Rettungsaktion müssen diese jedoch ca. 300 000 dkr Kaution hinterlegen. Trotz dieser hohen Summe führen jährlich etwa 50 Personen in Grönland Expeditionen durch. Das spektakulärste Unternehmen gelang 1983 drei Südtirolern: Sie überquerten nördlich von Mesters Vig an der Ostküste das Inlandeis bis Kraulshavn an der Westküste. Dabei verbrachten sie 90 Tage auf dem Eis und legten zu Fuß, selbst vor ihre 140 kg schweren Schlitten gespannt, eine Strecke von 1400 km zurück. Am Endpunkt ihres Unternehmens wäre es dann doch noch fast zur Katastrophe gekommen, denn das auf der Landkarte eingezeichnete und von ihnen angesteuerte Dorf war verlassen. Nur mit Hilfe eines selbstgebauten Floßes erreichten sie dann Kraulshavn. Nicht weniger abenteuerlich verlief eine West-Ost-Durchquerung, bei der sich die Schlitten im aufgetürmten Treibeis festfuhren und die Expeditionsteilnehmer mit dem Helikopter gerettet werden mußten.

Das neue Grönland

Während das Wissen über Grönland durch die Leistungen der Forscher und Entdecker immer mehr wuchs, war die rechtliche Stellung der Insel lange Zeit umstritten. Erst 1933 erkannte der Internationale Schiedsgerichtshof in Den Haag die Oberhoheit Dänemarks über ganz Grönland an, das damit offiziell zur dänischen Kolonie wurde. Mit dem Zweiten Weltkrieg begann dann auch für Grönland ein neues Zeitalter. Mit dem deutschen Angriff auf Dänemark im Jahre 1940 wurde die Insel vom Mutterland abgeschnitten. Daraufhin schloß der dänische Botschafter in Washington, da er sich an Weisungen aus Kopenhagen nicht mehr gebunden fühlte, ein Abkommen mit den Amerikanern, das diesen erlaubte, militärische Stützpunkte auf der Insel einzurichten, gleichzeitig aber auch die Versorgung der Bevölkerung in ihre Hände legte. Obwohl ein direkter Kontakt zur Bevölkerung weitgehend vermieden wurde, sahen die Grönländer doch die schnellwachsenden Städte aus Fertigbauteilen und bekamen Kontakt zu Möglichkeiten der Technik, die selbst unter ungünstigen Klimabedingungen ein relativ angenehmes Leben ermöglichten. So zogen die Menschen aus ihren kleinen Siedlungen in größere Städte, wo sie sich ein leichteres Leben erhofften. Zuerst waren es nur wenige, aber nach Kriegsende unterstützte der dänische Staat diese Bevölkerungskonzentration nach Kräften, denn er konnte auf diese Weise die hohen Versorgungskosten für abgelegene Siedlungen einsparen. Andererseits muß man trotz solcher ökonomischer Erwägungen betonen, daß Dänemark über Jahrzehnte hinweg sehr viel Geld nach Grönland fließen ließ (und läßt), um die Versorgung der Bevölkerung zu garantieren; Lebensmitteleinfuhren, Aufrechterhaltung der Verkehrsverbindungen, Wohnungsbau und auch die Bekämpfung der in Grönland grassierenden Tuberkulose machten ständige Unterstützungsleistungen notwendig.

Das kleine Volk der Grönländer jedoch war nahe daran, jegliche Orientierung an der eigenen Kultur zu verlieren, ehe man endlich einsah, auf seiten der Betroffenen wie auch der Dänen, daß dieser Entwicklung Einhalt geboten werden muß. Die immer massiver werdenden Forderungen der Grönländer nach mehr Mitspracherecht führten endlich zum Erfolg: Seit 1979 hat Grönland eine innere Autonomie mit eigenem Parlament und Kabinett, seit 1985 wird nur noch die Außen- und Verteidigungspolitik von Dänemark wahrgenommen.

Kajak-Fahrer vor der bizarren grönländischen Szenerie

. 34: Qasigianguit (Christianshåb) an der Disko-Bucht
. 35 oben: Rast auf einer Wanderung in Südgrönland
. 35 unten: In Igaliko befand sich im 12. Jahrhundert der Sitz des Bischofs von Grönland
. 36 oben: Versorgungsschiff im eisgefüllten Umanaq-Fjord
. 36 unten: Schlittenhundegespann im nördlichen Grönland

S. 37 oben: Bunte Holzhäuser an einer eisgefüllten Bucht
S. 37 unten: Sarqaq nördlich der Disko-Bucht war schon vor 3000 Jahren besiedelt
S. 38:   Hubschrauber-Landeplatz der Grønlandsfly bei Kulusuk in Ostgrönland
S. 39 oben: Die Siedlung Tasiussaq bei Nanortalik in Südgrönland
S. 39 unten: Die Erlöserkirche aus dem Jahre 1843 im alten Viertel der Hauptstadt Nuuk (Godthåb)
S. 40:   Vor allem die Frauen tragen noch heute bei besonderen Anlässen ihre farbenfrohe Trachten

Zeittafel zur Geschichte

ca. 2000 v. Chr.	Erste eskimoische Jäger wandern von Kanada aus in Nordostgrönland ein (Independence I-Kultur)
ca. 1000 v. Chr.	Neue Einwanderungswelle nach Peary Land (Independence II-Kultur)
um Chr. Geb.	Einwanderungswelle entlang der Westküste (Dorset-Kultur)
875 n. Chr.	Der Wikinger Gunnbjørn sichtet die grönländische Küste
982	Entdeckung Grönlands durch Erik den Roten
985	Gründung einer Wikingerkolonie in Südgrönland
1000	Das Thule-Volk wandert nach Nordgrönland ein
1126	Die Wikingersiedlungen erhalten einen eigenen Bischofssitz
1200	Ausbreitung der Thule-Eskimos entlang der Westküste
1300	Übergang der Thule-Kultur in die Inugsuk-Kultur
1400	Besiedlung Ostgrönlands durch das Thule-Volk
1408	Eheschließungsurkunde in Hvalsey als letztes christliches Dokument
um 1500	Unerklärliches Ende der normannischen Besiedlung
1650	Beginn der Walfängerzeit
1721	Ankunft Hans Egedes in Grönland
1884	Gustav Holm entdeckt 416 Eskimos in Angmagssalik (Ostgrönland)
1888	Fridtjof Nansen überquert das Inlandeis
1909	R. E. Peary erreicht zusammen mit Polareskimos am 6. 4. die Nähe des Pols
1912–1913	J. P. Koch und Alfred Wegener überqueren das Inlandeis
1915–1924	Thule-Expeditionen von Knud Rasmussen
1933	Internationaler Schiedsgerichtshof erkennt die Oberhoheit Dänemarks über ganz Grönland an
1941	Errichtung von US-Stützpunkten
1951	Bau der US-Basis Thule

1953	Grönland wird zu einem gleichberechtigten Teil Dänemarks erklärt
1960	Grönland wird für den Tourismus geöffnet
21. 1. 1968	Ein US-Bomber stürzt mit vier Wasserstoffbomben nahe Thule ab
1. 5. 1979	Grönland erhält Selbstverwaltung (Hjemmestyre); Regierungschef wird Pastor Jonathan Motzfeldt
1. 2. 1985	Grönland tritt aus der EG aus und erhält auf eigenen Wunsch den Status eines Überseeischen Landes bzw. Gebietes (ÜLG)
21. 6. 1985	Grönland erhält noch weiterreichende Autonomie
31. 12. 1985	Die Königlich Grönländische Handelsgesellschaft (KGH) wird nationalisiert
1. 1. 1987	Selbstverwaltung übernimmt alle Funktionen der GTO (Grönlands Technische Organisation)
30. 7. 1989	In Sisimiut findet die ICC-Konferenz (Inuit Circumpolar Conference) mit Yuit-Eskimos aus der Sowjetunion statt
April 1991	Lars Emil Johansen löst Jonathan Motzfeldt als Regierungschef ab

Staat und Verwaltung

Regierung
Bis 1953 war Grönland dänische Kolonie. Durch die neue dänische Verfassung wurde das Land im selben Jahr eine Provinz mit Anspruch auf zwei Sitze im Parlament. In der Folgezeit übernahm der grönländische Nationalrat immer neue Funktionen, insbesondere auf dem Gebiet der Verwaltung. Den vorläufigen Abschluß dieses Ringens um mehr Selbständigkeit brachte die Einführung des sogenannten *Hjemmestyre*, nach dem Grönland seit dem 1. Mai 1979 eine Selbstverwaltung besitzt, die 1985 noch erweitert wurde.
Das Hjemmestyre als politisches System besteht aus Landsting (Legislative) und Landsstyre (Selbstverwaltungsregierung). Die 27 Mitglieder des Landsting werden vom Volk in allgemeinen, direkten und geheimen Wahlen für die Dauer von vier Jahren gewählt. Die wichtigste Aufgabe des zweimal jährlich zusammentretenden Landsting besteht neben Gesetzesbeschlüssen und finanzieller Rahmenplanung darin, über die vom Hjemmestyre zu übernehmenden Bereiche zu entscheiden. Allein dieser Umstand macht deutlich, daß eine genaue Umschreibung des Begriffs »Hjemmestyre« derzeit noch nicht möglich ist, denn erst die kommenden Jahre werden zeigen, welche Entwicklung dieses neue System nimmt.
Die eigentliche politische Leitung ist das Landsstyre. Es wird vom Landsting gewählt und besteht derzeit aus fünf Mitgliedern. Siumut-Partei (11 Mandate) und Inuit Ataqatigit-Partei (5 Mandate) bilden auch nach der Wahl von 1991 eine Koalition und gaben damit der Atassut-Partei (8 Mandate) sowie zwei kleinen bürgerlichen Protestparteien das Nachsehen. Zum Zuständigkeitsbereich des Landsstyre gehören die Zusammenarbeit mit der dänischen Regierung, Auslandsfragen, Landes- und Städteplanung, Siedlungen und Außenbezirke und die Regelung der Fischerei und Jagd.
In den Kommunen wird zusammen mit der Wahl des Landsting für die

Dauer einer vierjährigen Amtszeit der Kommunalrat gewählt der je nach Größe der Gemeinde aus 3–13 Mitgliedern besteht. Die kommunale Führung ist durch Beschluß des Hjemmestyre zur eigenverantwortlichen Regelung ihrer Angelegenheiten befugt. Alle Kommunen sind in »De Grønlandske Landsforening«, einer Art Kommunalverband, zusammengeschlossen.

Parteien

Die Parteienlandschaft Grönlands ist vielfältig und noch in der Entwicklung begriffen. Bisher fanden fünf Wahlen (1979, 1981, 1984, 1987, 1991) mit ständig steigender Wahlbeteiligung statt. Seit Jahren lieferten sich zwei Parteien ein Kopf-an-Kopf-Rennen um die Gunst der Wähler. Die Siumut-Partei, deren Name sich mit »Vorwärts« übersetzen läßt, verfolgt einen grönländisch-nationalen, sozialistischen Kurs. Sie stellt seit Einführung der Selbstverwaltung (1979) den Vorsitzenden der Landesregierung. 12 Jahre lang hatte Pastor Jonathan Motzfeldt dieses Amt inne; bis zum Austritt Grönlands aus der Europäischen Gemeinschaft (1985) war er auch Repräsentant der Insel im Europäischen Parlament. Im April 1991 wurde Motzfeldt von Lars Emil Johansen abgelöst, der bereits seit 1987 Parteivorsitzender ist. Das Gegengewicht bildet die Atassut-Partei (»Kooperation«) mit dänenfreundlicher Grundeinstellung. Der größte Sprung nach vorne gelang in den letzten Jahren der Inuit Ataqatigit (»Eskimoföderation«), die einen eigenen Eskimostaat und den Zusammenschluß mit amerikanischen, kanadischen und sowjetischen Eskimos propagiert.

Bei der Wahl vom März 1991 verlor die Atassut-Partei drei ihrer elf Mandate, eine Folge ihrer im Wahlkampf erhobenen Forderung nach Rückkehr Grönlands in die EG als einzigem Ausweg aus der durch die sinkenden Fischerei-Erträgnisse verursachten Wirtschaftskrise – was von der Mehrheit der Grönländer aus Angst vor der mächtigen EG-Fischerei-Flotte abgelehnt wird.

Rechtsordnung

Bis 1952 war die Bevölkerung in zwei Gruppen mit eigenem Rechtssystem gespalten. Für alle in Grönland Geborenen galt grönländisches Recht, das hauptsächlich aus Gewohnheitsrecht bestand und daher der den Grönländern eigenen Lebensanschauung entsprach. Alle Dänen unterstanden dänischem Recht. Diese Unterscheidung wurde 1952 aufgehoben und der Oberste Gerichtshof in Nuuk (Godthåb) gegründet. Als Vorsitzenden setzte die dänische Krone einen Berufsrichter ein, dem zwei Laienrichter beigeordnet sind. Eine Stufe tiefer stehen die 18 Kreisgerichte, deren Richter Laien aus der jeweiligen Gemeinde sind. Die letzten Jahre mit ihrer schnellen Entwicklung und neuen Aufgabenbereichen, besonders auf den Gebieten Finanzwesen und Handel, brachten vielfach Schwierigkeiten mit sich, da die Gerichte sich nur mühsam auf die komplizierter gewordenen Sachverhalte einstellen können. Wohl einmalig auf der Welt ist das grönländische Strafrechtssystem. Begriffe wie »Strafe« und »Sühne« sind ihm fremd, und das von modernen Kriminologen gelobte Resozialisierungsprinzip ist in Grönland längst verwirklicht. Verurteilt wird in den meisten Fällen zu Zwangsarbeit oder Zwangsausbildung, und nur in wenigen Fällen sprechen sich die Gerichte für eine Zwangshaft aus, die dann in dem für 18 Gefangene angelegten Gefängnis in Nuuk (Godthåb) vollzogen wird. Auch hier nimmt der Gefangene am täglichen Leben teil, arbeitet tagsüber irgendwo in der Stadt und kehrt nur am Abend in die Haftanstalt zurück.

Dennoch ist auch in Grönland ein Ansteigen der Kriminalität zu verzeichnen. Dafür wird oft der enorm hohe Alkoholkonsum verantwortlich gemacht, doch wird dabei übersehen, daß dieser Drang weg von der Wirklichkeit seinen tiefersitzenden Grund in der sozialen Unzufriedenheit und Entfremdung von althergebrachter Lebensweise hat. So sind es auch nicht organisierte Verbrechen, Bandenwesen oder Diebstahl aus Gewinnsucht, die den Anstieg der Kriminalitätsrate verursacht haben, sondern meist Schlägereien zwischen Betrunkenen und sinnlose Zerstörungswut. Ganz deutlich zeigt sich dies in der Zunahme der Autodiebstähle: Die meisten Orte haben nur ein wenige Kilometer langes Straßennetz, so daß jeder Dieb sofort ertappt wird – was jeder Grönländer auch genau weiß.

Außenpolitik und Landesverteidigung
Durch die am 1. Mai 1979 errungene Selbstverwaltung erhielt Grönland, wie bereits erwähnt, nur Befugnisse auf den Sektoren Bildung, Soziales und Kultur. Außenpolitische Entscheidungen werden nach wie vor vom dänischen Parlament getroffen, in dem Grönland mit zwei Abgeordneten vertreten ist. In einigen internationalen Organisa-

tionen ist Grönland mittlerweile aber ebenfalls durch eigene Vertreter repräsentiert.

Im Rahmen der dänischen Militärallianz versteht sich auch die Anwesenheit amerikanischer Truppen in Grönland. Dänemark selbst unterhält nur ein kleines Truppenkontingent, das insbesondere mit der Überwachung von Fischereischutzbestimmungen betraut ist. Eine allgemeine Wehrpflicht gibt es in Grönland nicht.

Für weltweites Aufsehen sorgte Grönland im Februar 1985 mit dem Austritt aus der Europäischen Gemeinschaft, eine Entscheidung die sicherlich auf mehrere Ursachen zurückzuführen ist. Zum einen fiel sie in eine Phase der allgemeinen Ablösung vom dänischen Mutterland, und gerade, weil Dänemark sich für die EG ausgesprochen hatte, entschieden sich die Grönländer dagegen. Zu dieser »Trotzreaktion« kam aber auch ein rein wirtschaftlicher Aspekt hinzu. Seit Jahrzehnten stehen die Grönländer der Überfischung ihrer Gewässer, vornehmlich durch die Europäer, hilflos gegenüber. Durch die Lösung aus der Europäischen Gemeinschaft kann Grönland nun in eigener Verantwortung Fischereilizenzen verkaufen und die Konkurrenz der europäischen Fischereiflotten in grönländischen Gewässern reduzieren. Dieser für ein Land, das überwiegend vom Fischfang lebt, verständliche Schritt war für die Europäer unangenehm, da sie jetzt hohe Summen zur Finanzierung der Fischereirechte aufbringen müssen (jährlich ca. 60 Mill. DM aus dem EG-Haushalt).

Gleichzeitig mit dem Austritt Grönlands führte die Gemeinschaft für Grönland den Sonderstatus eines »Überseeischen Landes bzw. Gebietes (ÜLG)« ein, der eigentlich den ehemaligen europäischen Kolonialgebieten vorbehalten bleiben sollte. Durch diese Vertragsänderung ist es Grönland weiterhin gestattet, seine Produkte zollfrei in die Gemeinschaft einzuführen. Vielleicht sollte durch diese Regelung der gute Wille der Europäer gegenüber Grönland auch nach dessen Austritt symbolisiert werden, denn die reichen Vorkommen an Mineralien, wie z.B. Uran, Blei, Zink und Kryolith, sind für die Zukunft sicher ebenso wichtig wie die Fischbestände.

Wappen und Flagge
Das grönländische Landeswappen zeigt einen sitzenden Eisbär in blauem Feld. Auch der KNI, die Grönländische Handelsgesellschaft (S. 56), benutzt dieses Wappen als ihr Emblem. Seit dem 21. Juni 1986

hat Grönland eine eigene Flagge mit rot aufgehender Sonne auf weißem Grund. Sie löste die dänische Flagge, den *Danebrog*, ab. Der Sage nach ist diese rote Flagge mit weißem Kreuz in der Schlacht bei Reval 1219 vom Himmel gefallen.

Verwaltungsgliederung

Durch Beschluß des Hjemmestyre regeln die einzelnen Gemeinden ihre kommunalen Angelegenheiten in eigener Verantwortung. Insoweit kann man von einer begrenzten Selbstverwaltung der Gemeinden sprechen, die auch für die in ihrem Gebiet liegenden kleineren Siedlungen tätig werden. Die grönländischen Verwaltungseinheiten sind nach den jeweiligen größeren Orten benannt. Obwohl sich heute die grönländischen Bezeichnungen immer mehr durchgesetzt haben, trifft man oft auch noch auf die dänischen Namen, die daher in Klammern hinzugefügt sind.

Kita (Westgrönland)	Nanortalik
	Qaqortoq (Julianehåb)
	Narssaq
	Ivigtut
	Pamiut (Frederikshåb)
	Nuuk (Godthåb)
	Manitsok (Sukkertoppen)
	Sisimiut (Holsteinsborg)
	Kangatsiaq
	Ausiait (Egedesminde)
	Qasigianguit (Christianshåb)
	Ilulissat (Jakobshavn)
	Qeqertarssuaq (Godhavn)
	Umanaq
	Upernavik
Tuna (Ostgrönland)	Angmagssalik (Tasiilaq)
	Scoresbysund (Ittoqqortoormiit)
Avangna (Nordgrönland)	Qanaq (Thule)

Wirtschaft

Fischerei
Die Fischerei, und dabei besonders die Dorschfischerei, ist Grönlands Haupteinnahmequelle. Etwa 2500 Menschen sind mit dem Fang, ca. 2500 mit der Verarbeitung beschäftigt. Die Familienmitglieder eingerechnet, sind 12 000 Menschen, d.h. ein Viertel der Gesamtbevölkerung, vom Fischfang abhängig. Der Gesamtjahresfang in grönländischen Gewässern liegt bei 150 000 t Fisch, wobei der grönländische Anteil 70 000 t ausmacht. Von 1960 bis 1970 lag der grönländische Anteil gleichbleibend bei 40 000 t, während damals allein die westdeutsche Fangflotte die vierfache Menge einbrachte.
Trotz ungeahnter Fischmengen konnte so Schaden nicht ausbleiben, und mehrere Fischbänke wurden geradezu leergefischt. Die Ausdehnung der grönländischen Fischereigrenze am 1.1.1977 auf 200 Seemeilen war unausweichlich Folge dieser Überfischung. Neben Norwegern, Franzosen, Engländern, Portugiesen, Deutschen und Sowjetrussen waren besonders auch moderne japanische Großschiffe immer häufiger anzutreffen.
Der Aufbau der grönländischen Fangflotte ist auch heute noch nicht abgeschlossen, denn von 500 Fischerbooten erreichen nur 28 eine Größe von über 50 BRT, darunter 8 Trawler, die allein ein Drittel des Gesamtfangs einbringen. Viele Städte verfügen über moderne Fischverarbeitungsbetriebe, wo die Ware für den Export verarbeitet wird. Den kleineren Siedlungen stehen nur selten solche modernen Mittel zur Verfügung, und so wird der Fisch hier zumeist an der Luft auf großen Holzgestellen getrocknet oder eingesalzen. In diesen Dörfern dominiert noch der Einzelfischer, der vom kleinen Boot aus nicht selten 1 Tonne (!) Fisch pro Tag mit der Hand an Einzelhaken aus dem Wasser zieht.
Neben dem Dorsch fängt man Rotbarsch, Heilbutt, Katzenfisch und Forellen. Berühmt ist auch der grönländische Lachs, der ein Gewicht

von 9 kg erreicht und, wie Kenner behaupten, der beste der Welt ist. Ebenso ist die Krabbenfischerei von großer wirtschaftlicher Bedeutung. Allein der Verarbeitungsbetrieb in Qasigianguit (Christianshåb) stellt beispielsweise 7 Millionen 70-Gramm-Dosen im Jahr her.
Klimatisch bedingt, ist der Fischfang in den Wintermonaten nahezu lahmgelegt. Wenn das Eis jedoch dick genug ist, beginnt die Zeit des Eisfischens. Die Grönländer fahren mit ihren Hundeschlitten über die endlosen Eisflächen und angeln an aufgehackten Eislöchern.

Schaf- und Rentierzucht
Nur in Südgrönland gibt es dank des günstigeren Klimas die Möglichkeit, Schafe zu züchten. Zu Beginn des 20. Jh.s wurden erstmals Schafe aus Island eingeführt. Der heutige Bestand von 20 000 Tieren verteilt sich auf 80 Schaf-Farmen. Durch strenge Winter erlitt dieser Wirtschaftszweig immer wieder starke Rückschläge, wie etwa im Jahr 1967, als es einen Verlust von 30 000 Tieren zu beklagen gab. Die Schafhaltung dient weniger der Wollgewinnung, da die Wolle dieser Schafe steif und filzig ist, als vielmehr der Fleischproduktion. Im Schlachthof von Narssaq werden im September und Oktober täglich 400 Tiere geschlachtet.
Die Rentierzucht ist ein weiterer Versuch, die Selbstversorgung mit Fleisch zu erreichen. In der Umgebung von Søndre Strømfjord, insbesondere jedoch im Godthåb-Fjord, wurden Anfang der 50er Jahre Rentiere ausgesetzt, deren Bestand sich so vermehrt hat, daß jährlich 1000 Tiere geschlachtet werden können.
Ähnliche Versuche laufen derzeit mit dem aus Tibet stammenden Yak, das in Grönland vergleichbare Lebensbedingungen findet wie in seiner Heimat.

Jagd
Die Jagd, von der ursprünglich die gesamte Bevölkerung lebte, ist auch heute noch wichtiger Bestandteil des grönländischen Lebens sowohl als Erwerbszweig als auch in kultureller Hinsicht. Besonders in den Gemeinden Thule, Upernavik, Umanaq, Angmagssalik und Scoresbysund ist die Bevölkerung fast ausschließlich auf die Jagd angewiesen. Da in den Jagdrevieren nur konstante Erträge zu erzielen sind und übermäßige Jagd allen Menschen auf Dauer gesehen die Lebensgrundlage entziehen würde, muß in den genannten Gebieten ein Teil der

In der Krabbenfabrik von Sisimiut

ständig anwachsenden Bevölkerung nach Süden abwandern. Soweit Felle verkauft werden, übernimmt der KNI eine Vermittlerrolle und bringt die Ware nach Kopenhagen zur Versteigerung.

Die Robbenjagd und die Kampagne der Tierschützer
Von den in Grönland lebenden Seehunden (Robben) werden neben den Grönlandrobben und den Klappmützen hauptsächlich die Ringelrobben gejagt. Den Gesamtbestand an Ringelrobben, die eine Länge von 1 m erreichen und etwa 22 kg Fleisch liefern, schätzt man in der gesamten Arktis auf 2 Millionen. Die Jagd erfolgt im Sommer hauptsächlich vom Motorboot aus, der traditionelle Kajak wird nur noch selten benutzt.
Jedes Jahr, wenn in Kanada Tausende von Robbenbabys auf dem Eis mit Knüppeln erschlagen und bei lebendigem Leib abgehäutet werden, treten die Tierschützer auf den Plan – und wie man sagen muß zu Recht. Als Folge dieser Kampagne brach auf dem internationalen

Markt der Preis für Robbenfelle zusammen, was die Grönländer ganz besonders hart traf. Vollkommen zu Unrecht und nur aus Unwissenheit heraus werden die Grönländer mit den Geschehnissen in Kanada in Verbindung gebracht. Die in Grönland beheimatete Ringelrobbe bringt ihre Jungen in einer Schneehöhle zur Welt, wo sie mehrere Wochen von der Mutter versorgt werden und dann durch einen Verbindungsgang direkt ins Meer gelangen. Keine einzige junge Ringelrobbe liegt daher auf dem Eis, wo sie gefangen werden könnte. Die übrigen in Grönland vorkommenden Robbenarten streifen die Küste nur auf ihrer Wanderschaft und bringen in grönländischen Gewässern keine Jungen zur Welt.
Wenn auch die Preise zusammenbrachen und viele von der Jagd abhängige Familien in arge finanzielle Not gerieten, so ging doch die jährliche Jagdziffer von 80 000 Tieren nicht zurück. Man muß sich klarmachen, daß die Felle zwar zur Herstellung von Kleidern usw. (S. 84) benutzt werden, hauptsächlich aber Nebenprodukt des benötigten Robbenfleisches sind. Jeder Grönländer ißt pro Jahr 100 kg Robbenfleisch, was ungefähr dem Gewicht von vier Tieren entspricht. Wenn die Preise auch noch so tief fallen, Robben werden doch geschossen, denn sie sind eine wichtige Nahrungsquelle. Die Familien jedoch, die finanziell auch vom Ertrag der Felle abhängig sind, werden nur noch mehr Robben jagen, um bei gefallenem Preis die gleichen Einkünfte wie im Vorjahr zu erlangen. Vertreter des KNI sowie grönländische Bürger in den verschiedenen internationalen Gremien versuchen seit Jahren diese Zusammenhänge deutlich zu machen.

Die Eisbärjagd
Thule, Scoresbysund und Upernavik sind die traditionellen Gebiete der Eisbärjagd. Auf wochenlangen Schlittenreisen übernachten die Jäger bei Temperaturen von −40°C in Zelten auf dem Eis und erlegen pro Jahr ca. 70 Bären. Jedes Fell reicht für 3 Bärenfellhosen, die doppelt getragen werden und in ihrer Wärmewirkung durch nichts zu ersetzen sind. Besonders die Polareskimos von Thule, die diese Hosen am häufigsten tragen, fahren bei ihren Jagdreisen weit in kanadisches Gebiet hinein, wo sie ein traditionelles Jagdrecht genießen. Die Jagd auf das Wappentier, in der Landessprache *nanoq* genannt, ist nur den in Grönland geborenen Einwohnern erlaubt und hat außer den dringend benötigten Fellen auch noch wichtige soziale Funktionen: Ein Sieg

Grönländischer Eisfjord

über den 800 kg schweren »König der Arktis« macht den Polareskimo erst zum Mann. Von nun an ist er in seinem Dorf als erfolgreicher Jäger geachtet, und jedermann kennt die Geschichte seiner Jagd. Da innerhalb des Nationalparks in Nordostgrönland, in dem 1000–1500 Tiere leben, Jagdverbot besteht, ist der Eisbär nicht vom Aussterben bedroht.

Der Walfang
Die Bedeutung des Walfangs ist zurückgegangen, wie auch der Bestand an Tieren. Auf Grund internationaler Vereinbarungen sind der vom Aussterben bedrohte 24 m lange Grönlandwal und der bis zu 31 m lange Blauwal geschützt. Für den Finnwal gilt derzeit eine Abschußbegrenzung von 15 Tieren, desgleichen für den 15 m langen Buckelwal. Die beiden letztgenannten Walarten ergeben im Durchschnitt eine Fleischausbeute von 10 000 kg pro Tier. Verbreiteter ist noch die Jagd auf den 4–6 m großen Narwal und den ebenso großen Weißwal, von

denen je 500 Exemplare pro Jahr gefangen werden dürfen. Häufigste Beute ist der 2,5 m lange Tümmler mit 1800 Exemplaren.

Die Vogeljagd
Als beliebte Abwechslung der Speisekarte ist die Vogeljagd im nördlichen Landesteil weit verbreitet. Seevögel, Enten und Schneehühner werden mit der Schrotflinte geschossen und entweder gleich verzehrt oder erst für mehrere Wochen in eine Seehundhaut eingenäht. Das Fleisch nimmt dabei den Geschmack von Gorgonzola an, eine besondere Vorliebe der Grönländer. Im hohen Norden werden noch Seekönige, eine kleine Alkenart, mit dem Netz gefangen, wenn sie in großen Schwärmen über das Land ziehen. Der Fänger benutzt dazu einen langen Stock mit Netz als Köcher. Er lockt die Tiere durch Rufe und Pfiffe an und läßt, wenn der Schwarm direkt über ihm fliegt, den Stock mit Netz nach oben schnellen.

Bodenschätze und Energie
Trotz umfangreicher nachgewiesener Vorkommen wurde der Abbau von Rohstoffen und die Erschließung von Energiequellen bisher nur in bescheidenem Umfang vorangetrieben. Ursache dafür sind die hohen Nebenkosten für Abbau und Transport. Die Preisentwicklung auf den internationalen Märkten wird jedoch mit Sicherheit immer weitere Unternehmungen rentabel werden lassen. Insbesondere im schwer zugänglichen Norden und Nordosten des Landes werden riesige Öl- und Kohlevorkommen vermutet, um deren genaue Ortung man seit Jahren bemüht ist. Nach Übergang der Selbstverwaltung wurde ein aus Grönländern und Dänen zusammengesetztes Beschlußorgan gebildet, das ein Mitspracherecht in allen Bereichen und Fragen der Rohstoffausbeutung und Energie gewährleistet. Ausdrücklich ist in einer Rohstoffverordnung das Eigentumsrecht der grönländischen Bevölkerung auf die Schätze des Landes festgelegt.

Uran
Als einer der bedeutendsten Funde ist das Uranlager im Kvanefjeld bei Narssaq in Südgrönland anzusehen. Hier lagern 43 000 t Uran. Man vermutet, daß es noch weitere Vorkommen gibt. Angesichts des wachsenden Weltbedarfs könnte dieser Rohstoff zu einem wichtigen Faktor der grönländischen Zukunftsplanung werden. Derzeit ist der Stollen

allerdings mit einer mächtigen Metalltür versehen und es findet kein Abbau statt.

Kohle
Noch vor wenigen Jahren wurde der gesamte Energiebedarf des Landes aus den Kohlegruben von Qutdligssat auf der Insel Disko gedeckt. Lange arbeitete diese Grube schon mit einem Defizit, ehe sie 1972 geschlossen, der Ort aufgelöst und die 2000 Personen starke Einwohnerschaft auf andere Orte der Westküste verteilt wurde. Die Wochenförderung von Qutdligssat lag bei 300–1200 t, mit einem Brennwert von 80 % der englischen Kohle. Auch hier spielte das Transportproblem eine wichtige Rolle, denn die Stadt verfügte über keinen eigenen Hafen, so daß die gewonnene Kohle mit flachen Kähnen zu den vor der Küste ankernden Schiffen gebracht werden mußte. Neue Vorkommen von 1 Mrd. t wurden auf der Halbinsel Nugssuaq ausgemacht.

Kryolith
Das lange Zeit bedeutendste Rohstoffvorkommen im Land waren die Kryolithminen von Ivigtut. Kryolith dient zur Herstellung von Milchglas und Emaille, insbesondere aber zur Aluminiumgewinnung und wurde zu diesem Zweck in die USA exportiert. Die Zeiten der Spitzenproduktion von 40 000 t im Jahr sind vorbei, da die Vorkommen erschöpft sind. Nach einer Übergangsphase, in der noch das abgesprengte Material verarbeitet wird, soll die Mine geschlossen werden.

Zink und Blei
Eine der umfangreichsten und modernsten Minen, in der Zink und Blei gefördert werden, entstand 1972 in Marmorilik, nördlich der Stadt Umanaq. Mit einer Investition von 300 Mill. dkr wurde die Black Angel-Mine hoch oben in eine senkrechte Felswand getrieben. Der Ertrag liegt bei 1650 t pro Tag, und nachdem heute die Gewinne längst die Investitionskosten überschritten haben, schüttet die das Unternehmen betreibende dänisch-kanadische Bergbaugesellschaft 45 % des Gewinns an den Staat aus. Infolge vollständigen Abbaus soll die Mine in naher Zukunft geschlossen werden.

Energieversorgung
Die Förderung von Öl ist bisher noch nicht gelungen. Nachdem meh-

rere Probebohrungen an der Westküste erfolglos ausfielen, gehen die Bemühungen an der Ostküste weiter. Nahezu eine Milliarde dkr wurden bisher aufgewendet, und Fachleute scheinen ihrer Sache ganz sicher, daß irgendwo riesige Erdöllager sind, die nur gefunden werden müssen. Wo Öl gefördert wird, ist Erdgas nicht weit, und wenn erst die Suche nach der Stecknadel im Heuhaufen entlang der 2600 km langen Ostküste Erfolg bringt, dürfte Grönland vor dem Beginn einer neuen Ära stehen. Bis dahin muß nun weiter jeder Tropfen Öl von Dänemark mit dem Tankschiff herantransportiert werden. Jeder Reisende wird außerhalb der Ortschaften die großen Tankanlagen bemerken, die meist im Sommer für eine Jahresperiode gefüllt werden. Bereits 1977 erreichten die Kosten für den Import von Energiestoffen fast 40 % des gesamten Exporterlöses.

Einen weiteren Schritt zur Energieversorgung könnte der Bau von Wasserkraftwerken an geeigneten Stellen entlang der Westküste bedeuten, der in jüngster Zeit immer stärker Eingang in die energiepolitische Diskussion fand. Als geeigneter Standort ist z.B. das Johan Dahl-Land in Südgrönland im Gespräch.

Handel

Der Großteil des Außen- und Binnenhandels lag über 200 Jahre lang in den Händen des KGH (Kongelige Grønlands Handel), der Königlich Grönländischen Handelsgesellschaft. Diese Organisation, die ihren Hauptsitz in Dänemark hatte, unterhielt überall im Land Büros, Verkaufseinrichtungen, Versorgungsstellen und Fischfabriken. Im Rahmen stärkerer Eigenverantwortung ging der KGH mit dem Jahreswechsel 1985/86 in den Besitz des Hjemmestyre über und heißt nun KNI – Kalaallit Niuerfiat (Grönländischer Handel) mit Hauptsitz in Nuuk. Damit verschwand für die Grönländer ein wichtiges Symbol der Abhängigkeit von Dänemark.

Von 1771 bis 1950 hatte die dänische Regierung die alleinige Verantwortung für Handel und Versorgung Grönlands in die Hände des KGH gelegt, der damit zu einer Monopolgesellschaft für fast alle wirtschaftlichen Belange Grönlands wurde. Auch wenn der KGH von Anfang an der Auflage gehorchte, daß sämtliche Unternehmungen dem Wohle der damaligen Kolonie zu dienen hätten – Dänemark bildete dadurch eine wohltuende Ausnahme unter den Kolonialmächten –, blieben doch die Vertreter der Handelsgesellschaft oft Repräsentanten eines fernen Mutterlandes, von dem man abhängig war. Seit 1950 dürfen auch Privatunternehmen in Grönland arbeiten, doch haben es diese bisher noch kaum vermocht, die allgegenwärtige Präsenz des KGH zu durchbrechen.

In Struktur und Arbeitsweise wird der KNI zumindest vorerst am alten KGH-Modell festhalten, das einheitliche Preise für Transport und Versorgung im ganzen Land garantierte. Auch die Handelspartner werden nach dem Übergang wohl die gleichen bleiben. Der Export geht zu 50 % nach Dänemark, zu je 13–15 % nach Finnland, Frankreich und in die USA und zu 7 % in die Bundesrepublik Deutschland. Nach Finnland und Frankreich exportiert man hauptsächlich Erze, in die USA Fischprodukte. Kaum verändern werden sich die Exportartikel: Von einem Gesamtvolumen von 2,078 Mrd. dkr entfielen 1986 60 % auf Fischprodukte, 30 % auf Erze und der Rest auf Pelz- und Fleischprodukte.

Der Import lag 1970 noch bei 400 Mill. dkr, hat seit 1979 aber die Schwelle von 1 Mrd. dkr überschritten und lag 1986 bereits bei 2,912 Mrd. dkr. Der Export deckt demnach nur zum Teil die Kosten der eingeführten Waren. An der Spitze der Importe stehen mit einem Anteil von 25 % Nahrung, Genußmittel und Textilien. Energie und Maschinen schlagen mit je 20 % zu Buche. Baumaterialien, Transportmittel, Eisen- und Stahlprodukte mit je 7 %. Die genannten Waren kommen zu 64 % aus Dänemark. Der übrige Import verteilt sich auf Norwegen, Schweden, die Bunderepublik Deutschland, Japan und andere.

Ähnlich dominierend wie im Außenhandel war die Position des KGH im innergrönländischen Geschäftsverkehr. Hier wuchs jedoch die Zahl privater Betriebe in starkem Maße, nachdem nach jahrelangem KGH-Monopol private Aktivitäten jetzt gewünscht und gefördert werden. Auffallend ist, daß nur 40 % der Privatbetriebe von in Grönland geborenen Unternehmern betrieben werden und daß diese Betriebe mit durchschnittlich vier Arbeitnehmern auch noch kleiner sind als die ihrer dänischen Kollegen mit durchschnittlich sieben Arbeitnehmern.

Im Rahmen der Erwachsenenfortbildung werden überall im Land Kurse veranstaltet, die wirtschaftliches Know-how vermitteln und zu unternehmerischer Tätigkeit anregen sollen.

Tourismus
Erst 1960 kamen mit Ende der Einreisesperre die ersten Touristen nach Grönland; zuvor hatte die dänische Regierung derartige Unternehmungen zum Schutz der Einwohner reglementiert. Der Besucherverkehr entwickelte sich anfangs nur zögernd: Die Anreise erfolgte ausschließlich auf dem Seeweg und war dementsprechend zeitraubend. Erst einmal in Grönland angekommen, hatte der Besucher keinerlei Möglichkeit, das Land auf eigene Faust kennenzulernen, denn es gab weder Hotels noch regelmäßige Schiffs- oder Flugverbindungen. Bald wurde dem Staat die Bedeutung Grönlands als Touristenziel bewußt, und man begann vielerorts mit dem Bau moderner Hotels und der Organisation von Besucherreisen. Der Erfolg dieser Bemühungen stellte sich schneller ein als erwartet, und seit Jahren hat man nun schon eine steigende Zahl ausländischer Besucher zu verzeichnen. Waren es zu Beginn meist Dänen, die sich diesen riesigen, abgelegenen Teil ihres Mutterlandes einmal anschauen wollten, so trifft man heute Touristen aus allen Ländern Europas und den USA. Dennoch ist die wirtschaftliche Bedeutung des Tourismus derzeit noch nicht allzu groß. Im Herbst 1984 beschloß die Selbstverwaltung einen Ausbau des Tourismus mit der Maßgabe, daß dieser harmonisch mit der örtlichen Entwicklung einhergehen und eine Einnahmequelle für Grönland darstellen soll.

Geld- und Kapitalmarkt
Der Staatshaushalt
Der weitaus größte Teil des öffentlichen Haushalts kommt von außerhalb des Landes. Dänische Zuschüsse (ca. 700 Mill. DM pro Jahr) und die jährliche Finanzhilfe der EG von 26,5 Mill. Ecu werden ergänzt durch die in Grönland selbst zu zahlenden Abgaben. Mit dem 1.1.1975 trat das Lohn- und Einkommenssteuergesetz in Kraft, nachdem vorher solche Abgaben unbekannt waren. Einkommen bis 20 000 (bzw. 40 000 dkr für Verheiratete) bleiben steuerfrei, für übersteigende Beträge sind zwischen 15 und 25 % Steuer zu entrichten. Zu den so erzielten 120 Mill. dkr kommen aus der Tabak-, Alkohol- und Schokoladensteuer nochmals 120 Mill. dkr hinzu. Die Kraftfahrzeug-Steuer bringt 5 Mill. dkr, die Gewinnbeteiligung an der Erzmine in Marmorilik 50 Mill. dkr, wobei die Erzmine allerdings in naher Zukunft geschlossen werden soll. Auch nach der Einführung der Selbstverwal-

tung hat sich Dänemark verpflichtet, den defizitären Haushalt durch Zuschüsse auszugleichen.

Investitionen
Das Wachstum der Bevölkerung erfordert für die kommenden Jahre ein hohes Maß an Bautätigkeit. Hinzu kommt der angestrebte Ausbau der Fischereiflotte und der Verkehrsverbindungen. Bei den privaten Firmen liegen die Dänen mit 200 Mill. dkr weit vor den Grönländern, die nur 40 Mill. pro Jahr investieren. Aktivitäten ausländischer Firmen sind bisher kaum ersichtlich. Die öffentlichen Investitionen beliefen sich für das Jahr 1986 auf 86,2 Mill. dkr und gliedern sich in folgende Gebiete: Fischerei, Schafzucht 821 Mill. dkr öffentliche Einrichtungen 124 Mill. dkr, Bauwesen 332 Mill. dkr, öffentliche Arbeiten 173 Mill. dkr, Kommunikation 42 Mill. dkr, Handel und Versorgung 31 Mill. dkr, soziale Institutionen 33 Mill. dkr, lokale Anlagen (Straßen, Wasserversorgung) 26 Mill. dkr.

Banken
Es gibt zwei private Geldinstitute, Grønlandsbanken und Nuna- Bank. Diese beiden Geldinstitute haben mit dem KNI vereinbart, daß dieser sie in Orten und kleinen Siedlungen, in denen keine eigenen Zweigstellen bestehen, vertritt. Beide Organisationen haben ihren Hauptsitz in Nuuk (Godthåb). Die Gesamteinlagen beliefen sich 1985 auf 1265 Mill. dkr und Forderungen von 1184 Mill. dkr. Noch im Jahre 1970 lagen die Gesamteinlagen erst bei 70 Mill. und die Forderungen bei 60 Mill. dkr.

Arbeits- und Sozialwesen
Von den 55 000 in Grönland lebenden Menschen sind etwa 21 000 berufstätig. In der Gruppe der 15–64jährigen beträgt der Beschäftigungsgrad 75 %. Der größte Arbeitgeber ist der Staat: Allein 5500 Beschäftigte werden in der Sparte Öffentliche Einrichtungen verzeichnet. Bergbau und Industrie stellen 3800 Arbeitsplätze, Fischerei und Jagd 3500. Im Baugewerbe arbeiten 2600 Menschen, im Handel und Verkehr 2000, im Transportwesen 1900, gefolgt vom Dienstleistungssektor, der 1700 Grönländer beschäftigt.
36 % aller Beschäftigten sind Frauen. Durch das schnelle Bevölkerungswachstum und die zunehmende Technisierung ist heute erstmals

in der Landesgeschichte eine Arbeitslosigkeit für ungelernte Arbeitskräfte zu verzeichnen (ca. 25%). Der Anteil arbeitsloser Frauen davon beträgt 40 %. Man versucht der Arbeitslosigkeit teilweise dadurch zu begegnen, daß man zahlreiche Stellen, die heute noch von Dänen eingenommen werden, nach Ablauf ihres Arbeitsvertrages mit Grönländern besetzt.

Lebensstandard

Der grönländische Lebensstandard hat sich in den letzten Jahren immer mehr westlichen Maßstäben angepaßt. Im Jahre 1960 wurde im Auftrag der dänischen Regierung ein Entwicklungsplan zur Verbesserung des Lebensstandards und zur Förderung der grönländischen Eigenständigkeit aufgestellt. Damals, als viele Grönländer noch in Torfhütten lebten, brauchte man zum Aufbau dringend dänische Fachkräfte. Diese waren allerdings nur bereit, nach Grönland zu kommen, wenn sie dort eine ähnliche Lebensqualität antrafen wie in der Heimat und die Arbeit auch finanziell interessant erschien. Neben den grönländischen Hütten entstanden so moderne, von Dänen bewohnte Häuser mit einem Komfort, wie er den Grönländern bis dahin noch fremd war. In den Betrieben verdienten die Dänen ein Vielfaches für oft gleiche Leistung, was die Kluft vergrößerte. Heute, wo viele Grönländer als Fachkräfte ausgebildet sind und die letzten Torfhütten nur noch Museumszwecken dienen, hat sich die Situation stabilisiert. In den Haushalten der Städte und der größeren Siedlungen gehören moderne technische Geräte zur Normalausstattung. Da sich in den letzten Jahren die Einkommen fast verdoppelt haben, ohne daß überall auch die Infrastruktur in entsprechendem Maße verbessert wurde, sind technische Neuerungen für die Grönländer auch finanziell leichter erschwinglich.

Das Preisniveau liegt etwas über dem der Bundesrepublik Deutschland. Spirituosen sind wesentlich teurer, Meeresfrüchte billiger und frischer als bei uns. Die Preise der KNI-Geschäfte sind im ganzen Land einheitlich, um die abgelegenen Gebiete, deren Versorgung einen sehr hohen Aufwand erfordert, nicht zu benachteiligen.

Wohnungsbau

Der Wohnungsbau in arktischen Breiten ist eine kostspielige Angelegenheit. Fast alle Bauelemente (meist Fertigbauteile) müssen per Schiff

Rechts: Moderne Wohnblocks in Sisimiut

angeliefert werden, und nur der kurze Sommer ist bei zum Teil schwierigem Felsuntergrund für die Bauarbeiten geeignet. Die für extreme Temperaturen erforderlichen Isolierungsarbeiten auch von Versorgungsleitungen, wie Wasser oder Heizung, verschlingen Unsummen. Im hohen Norden, wo auch im Sommer der Boden bis dicht unter die Oberfläche gefroren ist, müssen zudem noch besondere Maßnahmen getroffen werden, damit die Bauwerke nicht mit der Zeit wegsacken, wenn die Gebäude Wärme in den Untergrund leiten und diesen auftauen.

Die Wohnungssituation wird, vor allem in den größeren Städten, teilweise sehr kritisch beurteilt. Diese Kritik trifft besonders die neuen gradlinigen Wohnblocks aus Beton, die vielerorts aus dem Boden geschossen sind. Sie passen nicht in das gewachsene Ortsbild mit den kleinen freistehenden, bunten Holzhäusern, sind aber, was Flächennutzung und technische Versorgung angeht, weitaus ökonomischer. Von ca. 13 000 Gebäuden im Land sind 50 % nach 1965 erbaut; der Bau neuer Häuser wird weiterhin durch staatliche Zuschüsse gefördert.

Soziale Verhältnisse
Die wachsende Technisierung brachte einen starken Wandel der sozialen Struktur mit sich. Die sich selbst versorgende Jagdgemeinschaft wurde durch kleine Familieneinheiten ersetzt, die nun auf staatliche Hilfe angewiesen waren. In Anlehnung an das dänische soziale Netz wurde in den letzten 15 Jahren ein ansehnliches Vorsorgewesen geschaffen. Altersrente, Kranken-, Arbeitslosen- und Kindergeld, Mutterschutz, Unterstützung für Behinderte oder der Bau von Altersheimen sind in Grönland heute selbstverständlich. Ambulante und stationäre medizinische Versorgung ist ebenso wie zahnärztliche Behandlung für alle Grönländer kostenlos. Ärztlich verordnete Medikamente sind ebenfalls frei. (Mit Ausnahme der zahnärztlichen Behandlung gilt dies auch für ausländische Besucher.)

In einem Land, in dem die Natur den Menschen ständig bedroht, hat aber die Sicherung der Lebensverhältnisse die Grönländer offenbar nicht unbedingt glücklicher gemacht. Dafür spricht jedenfalls die verbreitete Volksseuche Alkoholismus, die den Grönländern bereits zweifelhaften Ruhm einbrachte. Schauergeschichten vom Sturm auf die Theken kurz vor 22 Uhr, dem Ablauf der Schankerlaubnis, machten bis vor wenigen Jahren bei Grönland-Reisenden die Runde. Zeitweise versuchte man u. a. durch ein Bezugsscheinsystem für alle alkoholischen Getränke das Problem zu steuern. Die Selbstverwaltungsregierung, unter deren alleiniger Zuständigkeit der soziale Sektor nunmehr steht, legt besonders auf die Jugendfürsorge ihr Augenmerk, um bereits hier den Spielraum für König Alkohol einzuengen.

In einem Kindergarten in Sisimiut

Kulturelle Grundlagen

Sprache
Die Landessprache der Grönländer ist Grönländisch, das eine Unterform des Osteskimoischen bildet. Der Ursprung des Eskimoischen geht vermutlich auf altasiatische Sprachen zurück. Zusammen mit dem Aleutischen bildet das Eskimoische die eskaleutische Sprachfamilie. Während auf den zu Alaska gehörenden Aleuten-Inseln das Aleutische nur noch von wenigen hundert Menschen gesprochen wird, beherrscht jeder Eskimo die grönländische Sprache, die sich von der kanadischer oder alaskaischer Eskimos nur durch geringe Abweichungen unterscheidet.
Dem Nichtgrönländer wird die Sprache zunächst einmal sehr verwirrend erscheinen. Das mag vor allem daran liegen, daß im Grönländischen Artikel, Adjektive, Präpositionen und Konjunktionen fehlen, auch ein Geschlecht der Substantive ist unbekannt. Die Sprache besteht im wesentlichen aus Substantiven und Verben, die jedoch durch unterschiedliche Endungen – die auch aus mehreren Teilen bestehen können – näher bestimmt werden. Ein Wort aus mehreren unselbständigen Silben erhält schon durch das Umstellen einer Silbe eine andere Bedeutung. Die Grönländer benutzen zum Schreiben ihrer Sprache die lateinischen Buchstaben; über Jahrhunderte hinweg wurde sie allein mündlich tradiert. Die wichtigsten Aufzeichnungen stammen von zwei deutschen Missionaren und Sprachforschern, dem Sachsen Carl Julius Spindler (1838–1918) sowie dem 1814 in Lichtenau (S. 111), einem südgrönländischen Zentrum der Herrnhuter Brüdergemeine, als Sohn eines Missionars geborenen Samuel Kleinschmidt. Während Spindler neben seinen Übersetzungen vieler bekannter Kirchenlieder ins Grönländische nach seiner Rückkehr nach Deutschland das erste deutsch-grönländische Wörterbuch verfaßte, entwickelte der (abgesehen von seinem Studium in Sachsen) lebenslang in Grönland als Missionar und Bibelübersetzer wirkende Kleinschmidt auch eine

Der Herrnhuter Missionar
und Sprachforscher
Samuel Kleinschmidt

Grammatik des Grönländischen, die heute noch als grundlegend gilt. Die Aufgeschlossenheit der Grönländer spiegelt sich in ihrer Sprachbegabung wider. Neben dem in der Schule ab der ersten Klasse obligatorischen Dänisch ist auch die englische Sprache weit verbreitet.

Religion
Die Grönländer sind Christen, und die grönländische Kirche ist Teil der protestantischen dänischen Staatskirche. Die ersten Christen waren von ca. 1000 bis ins 15. Jahrhundert die Wikinger. Grönland hatte in dieser Zeit einen eigenen Bischof und sandte seinen »Peterspfennig« in Form von Walroßzähnen nach Rom. Nahe dem heutigen Igaliko baute man einen Dom mit den für das damalige Grönland gewaltigen Ausmaßen von 27 m Länge und 16 m Breite. Zu einem engen Kontakt und zur Übernahme des Glaubens durch die Eskimos kam es in dieser Zeit nicht.
Es war der »Grönland-Apostel« Hans Egede (S. 28), der nach seiner Ankunft im Godthâb-Fjord, 1721, die Christianisierung der Eskimos einleitete. Der neue Glaube breitete sich schnell entlang der Westküste aus. Die abgelegenen Siedlungen der Ostküste folgten nur zögernd nach, so daß dort erst 1922 der letzte »Heide« getauft wurde.

Auch die Herrnhuter Brüdergemeine, eine aus dem Pietismus hervorgegangene Religionsgemeinschaft, wirkte von 1733 bis 1900 insbesondere im Süden Grönlands. Durch ihr Bestreben, in ihrer Gemeindeordnung eine urchristliche Brüderlichkeit zu praktizieren, die ein Engagement in sozialen Belangen und der Gesundheitsfürsorge einschloß, was der Lebensgemeinschaft der Eskimos sehr entgegenkam, gerieten ihre Missionare oft in Gegensatz zu den strenger dogmatischen Geistlichen der dänischen Staatskirche.

Nachdem sich Grönland in den 50er Jahren unseres Jahrhunderts in größerem Umfang nach außen hin öffnete, versuchten auch andere Glaubensrichtungen Fuß zu fassen und mit der lutherischen Kirche in Konkurrenz zu treten. Die römisch-katholische Kirche errichtete 1963 in der Hauptstadt Nuuk (Godthåb) ein Gotteshaus; auch Adventisten und Zeugen Jehovas treten zunehmend in Erscheinung. Die Position der dänischen Staatskirche bleibt indessen unangefochten.

Bildung

Nach der Ankunft Egedes setzte 1728 unter kirchlicher Regie die Entwicklung des grönländischen Schulwesens ein. Im Jahre 1950 wurden die Schulen dem Einfluß der Kirche entzogen und unter staatliche Aufsicht gestellt. Seit dem 1.1.1980 ist nun auch das Schulwesen in den Wirkungskreis der Hjemmestyre eingegliedert und dem Kultur- und Unterrichtsdirektorat unterstellt.

Die Schulzeit gliedert sich nach der Neuordnung in eine 3jährige Grundschul- und eine 6jährige Hauptschulzeit. Daran anschließend kann eine 2jährige weiterführende Schule besucht werden, auf die wiederum eine weitere 2jährige Unterrichtsphase aufbaut. Ihr Abschluß ist in etwa dem Abitur vergleichbar.

Der Unterricht wird von der ersten Klasse an in grönländischer und dänischer Sprache gehalten. Da es bisher noch nicht gelungen ist, genug Grönländer zu Lehrern auszubilden, müssen viele Lehrer aus Dänemark verpflichtet werden. Diese Lehrkräfte sprechen jedoch kein Grönländisch und bevorzugen zudem eine Tätigkeit in den größeren Städten. Die Schüler kleinerer Siedlungen werden daher überwiegend von Grönländern in der Landessprache unterrichtet, was Nachteile in der Kenntnis der dänischen Sprache und damit für den Besuch weiterführender Schulen mit sich bringt. Insgesamt gibt es 23 Stadtschulen und 74 Dorfschulen. Die Schülerzahl der Stadtschulen bewegt sich

zwischen 100 und 800, die der Dorfschulen zwischen 3 und 150. Die Gesamtschülerzahl beträgt 12 100.

Eine Besonderheit des grönländischen Schulwesens ist der Unterricht in Jagd und Fischerei, der ab der 5. Klasse erteilt wird. Unterrichtung in Fischerei wird vorwiegend an der Westküste, in Jagd an der Ost- und Nordküste erteilt. Für Jungen sieht dabei der Lehrplan unter anderem vor: Bau eines Kajaks, Herstellung von Jagd- und Fischereiwerkzeug, Herstellung von Zuggeschirr und Peitsche für Hundeschlitten, Knoten eines Seehundnetzes, Bedienung von Motoren und Feuerwaffen, Navigation, Meteorologie und Bau eines Zeltes. Die Mädchen werden nach eskimoischer Tradition unterrichtet in der Bearbeitung der Felle, in der Perlenstickerei (die u. a. die grönländische Nationaltracht schmückt), im Kochen, dem Erkennen und Zubereiten eßbarer Beeren und dem Sammeln von geeignetem Stroh als Einlage für die *kamiks* (Fellschuhe). Auch Kurse zur Bearbeitung typisch grönländischer Naturprodukte, wie Seifen- und Speckstein, Treibholz, Tierzähne, Knochen und Rentiergeweihe, sind vorgesehen.

Für jeden Grönländer besteht die Möglichkeit, eine Hochschule oder Universität in Dänemark zu besuchen. Das gleiche gilt für Spezialausbildungen im technischen Bereich. Auf der Insel selbst wurde 1987 in Nuuk (Godthåb) die erste Universität eröffnet. Der Ausbildung grönländischer Lehrer dient das Lehrerseminar in Nuuk, wo nach 5jährigem Studium die Lehrbefugnis für grönländische Schulen erworben werden kann. In Nuuk (Godthåb), Qaqortoq (Julianehåb) und Sisimiut (Holsteinsborg) gibt es Berufsfachschulen.

Bei der Erwachsenenbildung kommt den Volkshochschulen in Qaqortoq und Sisimiut besondere Bedeutung zu. Hier erhalten erwachsene Schüler einen allgemeinbildenden Unterricht. Die Bestrebungen nach mehr Eigenständigkeit für Grönland haben eine starke Nachfrage nach wirtschaftlich ausgebildeten Arbeitskräften zur Folge, so daß der Schwerpunkt des Ausbildungsprogramms darauf gelegt wurde. Die Schulen, die auch Unterkünfte für auswärtige Schüler bieten, unterrichten hauptsächlich im Winterhalbjahr. Sie stehen auch ausländischen Besuchern offen.

Massenmedien und kulturelles Leben
Die Größe des Landes und die dünne Besiedlung bringen für Presse Rundfunk und Fernsehen eine Reihe von Problemen mit sich. Es dau-

Die erste Ausgabe der 1861 gegründeten Wochenzeitung

ert bei ungünstiger Verkehrslage oft Wochen, bis auch die letzte abgelegene Siedlung erreicht und mit neuesten Informationen versorgt ist. Aus diesem Grund gibt es auch in ganz Grönland weder eine regionale noch eine überregionale Tageszeitung. Die beiden einzigen überregionalen Informationsquellen sind die 1861 gegründete Wochenzeitung »Atuagagdliutit« (dt. Etwas Lesenswertes, das nichts kostet), die seit ihrer Vereinigung mit der ersten dänischen Zeitung »Grønlandsposten«, 1952, zweisprachig dreimal wöchentlich erscheint, sowie das einmal wöchentlich erscheinende Blatt »Sermitsiaq«. Beide Zeitungen haben eine Auflage von je 5000 Exemplaren. Jede Stadt hat zudem ihr eigenes Lokalblatt, das wöchentlich oder 14tägig erscheint. Auch die beiden großen politischen Parteien, Siumut und Atassut, geben in regelmäßigen Abständen Zeitungen heraus. Daneben gibt es in Nuuk noch ein kostenloses Anzeigenblatt.

Das Fernsehen ist nicht in der Lage, dieses Defizit an aktueller Information auszugleichen. Nur in den größeren Städten kann der Landessender empfangen werden, dessen Programm sich neben mehrere Tage alten Nachrichtensendungen aus Dänemark auf die Ausstrahlung von Unterhaltungssendungen beschränkt. Ausländische Programm können nur über Satellit empfangen werden.

Die für die landesweite Diskussion und Meinungsbildung wichtigste Informationsquelle bleibt das Radio. In Nuuk (Godthåb) steht das Rundfunkhaus, in Ausiait (Egedesminde) und Qaqortoq (Julianehåb) arbeiten Regionalstudios. Radio Grönland (KNR) sendet jeden Tag ca. 10 Stunden in grönländischer und dänischer Sprache und erreicht

mittlerweile durch Verbesserung der Sendetechnik selbst die abgelegensten Siedlungen.
90 Kinos, z.T. auch die Versammlungshäuser in kleinen Siedlungen, bieten ca. 5000 Sitzplätze, und jeder Einwohner besucht im Schnitt sechs Vorstellungen pro Jahr. Die Filme stammen allesamt aus dem Ausland. Auf dem Vormarsch ist, wie überall in der Welt, das Video-Angebot.
Die Regierung unternimmt große Anstrengungen, um das für die Beurteilung der landespolitischen Belange wichtige Grundlagenwissen zu vermitteln. Gefördert wird erfreulicherweise auch die grönländische Literatur, so daß im einzigen Verlag des Landes, dem Grønlandske Forlag in Nuuk (Godthâb), jedes Jahr mehrere Dutzend in Grönländisch geschriebene Bücher veröffentlicht werden. Der grönländische Schriftstellerverband hat ca. 100 Mitglieder.
Um sich die Bedeutung solcher Vorgänge in Grönland richtig bewußt zu machen, muß einmal mehr daran erinnert werden, daß die Einwohnerzahl der Insel der eines deutschen Großstadtvorortes entspricht. So gesehen muß man sagen, daß die kleine Gemeinschaft der Grönländer es wohl auf weltweit einmalige Weise verstanden hat, sich eine eigene Szene zu schaffen und damit ihr kulturelles Erbe zu sichern.

Sport
Man kann eigentlich erst in den letzten Jahren von einem sportlichen Geschehen in Grönland sprechen, seitdem in den schnellwachsenden Städten Freizeiteinrichtungen geschaffen wurden. Alle Vereine haben zusammengenommen 18 000 Mitglieder. Dabei muß man berücksichtigen, daß niemand europäische Sportarten wie Kajakfahren, Paddeln, Angeln, Jagen, Wandern oder Hundeschlittenfahren als Sport bezeichnen würde, denn diese sind Bestandteil des täglichen Lebens.
Die beliebteste Sportart ist Fußball. Schon zu Zeiten, als in den mitteleuropäischen Fußballnationen noch niemand daran dachte, einen Ball zu treten, spielten die Eskimos mit Fell- und Hautkugeln »Fußball«. Ziel des damaligen Spiels war es allerdings nicht, ein Tor zu schießen, sondern den Gegner möglichst weit zurückzudrängen. Heute wird jeden Sommer die grönländische Fußballmeisterschaft ausgetragen. Die Sieger der einzelnen Bezirke treffen sich dazu an einem Wochenende und ermitteln den Meister. Die Begeisterung für diesen Sport zeigt sich auch darin, daß die einzelnen Clubs auf eigene Kosten die

Die Fußballmannschaft von Qeqertarssuaq auf der Leine

Strapazen einer vieltägigen Schiffsreise auf sich nehmen, um an der Meisterschaft teilnehmen zu können.
Der Bau von Sportanlagen ist eine kostspielige Sache, denn große Flächen, wie sie z.B. für Fußballplätze benötigt werden, müssen vielerorts erst aus dem Fels gesprengt werden. Die führenden Hallensportarten sind Tischtennis und Badminton (Federball).
Schwimmen, so meint man, kann in einem Volk, das so eng mit dem Meer verbunden ist wie die Grönländer, jeder. Das Gegenteil ist der Fall, und die Gleichgültigkeit, mit der Nichtschwimmer tagelang allein über das Meer paddeln, wird erst verständlich, wenn man weiß, daß ein Sturz in das eiskalte Meerwasser ohnehin nach wenigen Minuten tödlich sein würde.
Beliebt sind auch die fernöstlichen Kampfsportarten, wie z.B. Karate, die nach ihrer Herkunft ja genau dem grönländischen Temperament und der eigenen asiatischen Abstammung entsprechen.

Volkskunst

Das Kunsthandwerk ist überall verbreitet und hat eine Reihe von auf der Welt einmaligen Arbeiten anzubieten. Schnitzereien werden nur aus einheimischen Materialien, wie Speckstein, Knochen, Geweihen, Zähnen oder Holz, hergestellt und zeichnen sich durch ihre schöne Formgebung aus. Runde glatte Flächen werden dem Detail vorgezogen und verleihen z.B. den Specksteinfiguren ein kräftiges und doch geschmeidiges Aussehen. Man erkennt die Bewegung und die Spannung des Jägers im Kampf mit dem Eisbär oder die tiefe Wärme zweier sich umarmender Menschen. Kein Teil steht für sich allein, entscheidend ist für die Schnitzer vielmehr, den Zusammenhang und Zusammenhalt darzustellen, die auch das alltägliche Leben in der Arktis bestimmen.

Aus Holz werden nach ostgrönländischem Vorbild Masken geschnitzt und kleine Kajakmodelle hergestellt. Aus Walzähnen oder Walroßhauern schnitzt man Tierfiguren oder den *tupilaq*. Diese Figur symbolisiert ein altes Fabelwesen; seine Darstellung geht auf die Begegnung eines Forschers mit einem alten Eskimo zurück. Der alte Mann lebte in großer Furcht vor dem Tupilaq, konnte aber beim besten Willen nicht beschreiben, wie dieses Wesen aussieht. Er konnte jedoch gut schnitzen und hatte bald den ersten grönländischen Tupilaq hergestellt. Die ande-

Tupilaq aus Walroßahn
von Henning Agtagkat aus Kap Dan

ren Bewohner fanden Gefallen an dieser geschnitzten Dämonengestalt und setzten den Brauch bis auf den heutigen Tag fort.

Nur für den Eigenbedarf werden die kunstvollen Perlenstickereien und Lederverzierungen der grönländischen Trachten angefertigt (S. 78). Die Ausführung der individuell entworfenen Muster erfordert sehr viel Geduld. Die Tradition der Perlenstickerei geht übrigens auf die Walfängerzeit zurück, als die ausländischen Schiffsmannschaften von den Eskimos wertvolle Pelze gegen bunte Perlen eintauschten.

Alle zum Verkauf gelangenden Waren wurden früher über den KGH vertrieben, neuerdings findet man sie auch in privaten Geschäften. Interessanter als der schnelle Kauf in einem Laden ist es, sich nach dem örtlichen Specksteinschnitzer oder anderen Kunsthandwerkern zu erkundigen und diesen dann in der Werkstatt bei der Arbeit zuzusehen.

Es gibt in Grönland auch eine Reihe hervorragender Zeichner, deren beste Arbeiten jährlich in einer Kunstmappe vorgestellt werden.

Gelegentlich zeigen grönländische Künstler ihre Werke auch in Europa. Regelmäßige Ausstellungen eskimoischer Künstler aus Kanada und Grönland finden z.B. in der Mannheimer Inuit-Galerie statt.

Mensch und Gemeinschaft

Mentalität
Die Grönländer sind fröhliche, freundliche und rücksichtsvolle Menschen. Ihr Leben ist bestimmt von einer wilden, freien Natur und sie lassen sich nicht gerne in vorgeformte Schemata pressen. Oft macht man ihnen den Vorwurf, nur in den Tag hinein zu leben und nicht an die möglichen Konsequenzen zu denken. Besonders im Sommer haben die Arbeitgeber ihre liebe Not, wenn zu Arbeitsbeginn die Belegschaft erst langsam oder überhaupt nicht eintrifft. Auf der anderen Seite ist es nach langer, dunkler Winternacht nur zu verständlich, daß die Menschen beim Schein der Mitternachtssonne nicht ans Schlafen, sondern ans Leben denken. Die starren Regeln einer verwalteten Welt, die Ausrichtung im Arbeitsleben auf eine berechenbare Leistung, sind vielen Grönländern immer noch fremd, Teil einer europäischen Zivilisation, der man sich nur mit Einschränkungen angleichen möchte. Das ist auch nicht verwunderlich, wenn man bedenkt, daß noch vor wenigen Jahrzehnten die Mehrzahl der Grönländer von der Robbenjagd lebte. Ein Volk von Jägern aber hat andere Wünsche und Wertvorstellungen als das pünktliche Erscheinen am Fließband der Fischverwertungsfabrik.
Dieses Selbstbewußtsein, das sich eher den Eskimostämmen in Kanada und Alaska verwandt fühlt als dem fernen Europa, macht sich in vielen kleinen täglichen Gewohnheiten bemerkbar. Man trägt zwar keine Tracht mehr, sondern Parka und Pudelmütze, doch auch in feiner Montur schreckt man nicht davor zurück, eine fetttriefende Robbe zu zerlegen. In größeren Städten ist allerdings modische Kleidung von betonter Lässigkeit immer häufiger anzutreffen.
Die Bezeichnung *Eskimo* bedeutet »Rohfleischesser« und stammt von dem französischen Missionar Biard, der sie von amerikanischen Indianern übernahm. Der entsetzte Priester hatte jedoch nicht beachtet, daß mangels vitaminreicher Pflanzenkost der Verzehr von roher Leber,

Deutsch-grönländische Freundschaft

roher Walhaut u. ä. wie eine Vitaminspritze wirkt und Überlebensvoraussetzung ist. Die Grönländer selbst lehnen diese Bezeichnung ab. Sie nennen sich *inuit* – Menschen – und ihre Heimat *kalaallit nunaat* – Land der Menschen.

Familie und Sippe

Das Leben der Grönländer ist heute stark durch westliche Anschauungen und Ideale geprägt. Auch Familie und Sippe scheinen aus ihrer ehemaligen Funktion entrückt und neuzeitlichen Wertvorstellungen angepaßt zu sein. Dieser Eindruck hält einer näheren Betrachtung jedoch nicht stand. Die traditionellen Werte sitzen zu tief verwurzelt, als daß schon wenige Jahrzehnte einschneidende Veränderungen bewirken könnten.

Der eskimoische Familienverband war schon immer vom Überlebenskampf in der unbarmherzigen Natur geprägt. Dieses Ziel konnte nur unter Ausschöpfung aller Möglichkeiten erreicht werden, ohne daß irgendwo noch Platz für westliche Moralvorstellungen und Tabus

gewesen wäre. Eine Voraussetzung für das Überleben waren viele Kinder, und ihnen schenkte und schenkt man die ganze Liebe. Im »zivilisierten« Mitteleuropa hat man erst jetzt die Rechte unehelicher Kinder durch Gesetze anerkannt – in Grönland, wo 50 % aller Kinder unehelich geboren werden, hatte man da noch nie Probleme. Die ursprüngliche Jagdgemeinschaft bestand aus mehreren Familien, gerade so vielen, wie das Jagdrevier ernähren konnte. Gab es nun einen Männer- oder Frauenüberschuß, so war es selbstverständlich, daß diese Menschen voll integriert wurden. Ein Mann lebte dann mit mehreren Frauen oder eine Frau mit mehreren Männern zusammen. Blieben die erhofften Kinder als Altersversorgung aus oder verstand man sich nicht mehr, so suchte man sich neue Partner.
Auf seinen langen Jagdfahrten war der Jäger auf eine Frau angewiesen, die für ihn sorgte und die Beute verarbeitete. War die Frau des Jägers krank, so war es selbstverständlich, daß die Frau des Nachbarn mit ihm fuhr, denn allein konnte er in der wilden Natur nicht existieren. Daß auch die vielzitierte sexuelle Freizügigkeit der Grönländer, die an so manchem Stammtisch Europas für zweifelhafte Aufregung sorgte, weniger als Fehlen ethischer Normen zu interpretieren ist, sondern als Resultat der Familienstruktur und des Lebens unter extremen äußerlichen Umständen verstanden werden muß, zeigen die sogenannten »Lampenlöschspiele«, bei denen die Bewohner verschiedener Ortschaften unter der Aufsicht des Schamanen (Zauberers) den Beischlaf vollzogen. Die dabei gezeugten Kinder hatten neben der Alterssicherung noch eine weitere Funktion: Nur wenn der Jäger auf seinen Jagdreisen in jedem Dorf Verwandte hatte, konnte er auf Hilfe und Unterstützung hoffen. Man betrachtete ihn dann nicht mehr als Rivalen um die Gunst einer Frau oder als Eindringling in ein Jagdrevier, sondern als Familienmitglied. Diese Praxis vermied außerdem die Gefahr der Inzucht, die sonst bei isoliert lebenden Gruppen leicht auftritt.
Wenn heute diese Bräuche nicht mehr verbreitet und von den Lebensumständen her auch nicht mehr erforderlich sind, so fördert ihre Kenntnis doch das Verständnis der heutigen grönländischen Familie und hilft, das fehlende Besitzdenken bei zwischenmenschlichen Beziehungen zu verstehen.

Die Stellung der Frau
Die grönländische Frau war durch ihren Arbeitsbeitrag schon immer

anáussissup okalugha

gleichwertiger Partner. Ca. 40 % der Frauen sind berufstätig, die überwiegende Zahl davon ist in der verarbeitenden Fischindustrie beschäftigt. Traditionell besorgt der Mann die Jagd, während die Frau für Haus, Kleidung, Nahrung und die Kinder zuständig ist. Frauenaufgabe ist es, die Robben zu häuten und den Pelz zu verarbeiten. Zu diesem Zweck gibt es ein eigenes, *ulu* genanntes Frauenmesser, das in der Hand des Jägers ebenso fehl am Platze ist wie die Harpune in der Hand der Frau. Auch der früher praktizierte Frauentausch bedeutete niemals eine Diskriminierung der Frau, sondern war Überlebensvoraussetzung. Wie sehr die Frau geschätzt wird zeigt das Sprichwort, daß ein Mann nur soviel wert ist, wie seine Frau aus ihm macht. Mehrere Städte werden durch weibliche Bürgermeister regiert, und auch im Wirtschaftsleben nehmen Frauen wichtige Positionen ein. Nicht zuletzt seien die grönländischen Künstlerinnen erwähnt, deren Arbeiten bereits in vielen europäischen Ausstellungen zu bewundern waren.

Trachten
Bei festlichen Anlässen ist es üblich, die traditionelle grönländische Tracht anzulegen. Die Männer tragen dunkle Hosen und lose darauf einen weißen Anorak. Die Füße stecken in doppelt genähten warmen Seehundstiefeln, die noch zusätzlich durch eine Lage feiner getrockneter Gräser isoliert und gepolstert sind. Diese *kamiks* sind meist schwarz oder dunkelblau und reichen etwa bis zur Höhe des Schienbeins. Im Thule-Bezirk gehört traditionell die Hose aus Eisbärfell zum Erscheinungsbild eines Mannes. Diese Hosen werden doppelt, d.h. mit einem Fell nach innen und einem nach außen, getragen und sind in der Wärmewirkung durch nichts zu ersetzen.
Weit farbenprächtiger ist die Tracht der Frauen. Besonders auffallend ist der kunstvoll gestickte bunte Perlenkragen. Nur die unverheirateten Frauen tragen diesen nach individuellem Muster gefertigten Schmuck, der sich vom kleinen Kragen bis hin zur heutigen großzügigen Form entwickelt hat. Der meist weinrote Anorak der Frau besteht heute nicht mehr aus Fell, sondern aus Stoff, und auch die Rückentasche zum Tragen der Kleinkinder, *amaut* genannt, ist nur noch selten eingearbeitet. Da die Pelzhosen, eine Art Shorts, oberhalb des Knies enden, reichen die Stiefel bis an die Oberschenkel. Auch die *kamiks* der Frau sind doppelt gearbeitet. Die Außenstiefel sind weiß, kurz und meist aus der Haut junger Sattelrobben hergestellt. Die Innenstiefel sind

oberhalb des Knies reich mit Blumenmustern verziert und mit Pelz besetzt. Alle Trachten werden in Heimarbeit hergestellt, und es ist der Stolz der Mütter und Großmütter, ihrem Enkel oder der Enkelin zur Konfirmation eine neue Tracht anzupassen.

Tätowierung
Zum Schönheitsideal der Eskimos gehörte früher auch die Gesichtstätowierung, die allerdings weniger in Grönland als in Kanada und Alaska verbreitet war und heute nicht mehr anzutreffen ist. Den jungen Mädchen wurden diese schmerzlichen Schönheitssymbole mit einer rußgeschwärzten Knochennadel und einem Faden aus Tiersehnen beigebracht, die man unter der Haut durchzog.

Schamanenzelt der Eskimokünstlerin Helen Kalvak

Grönländische Eigenheiten

Die Robbe im Mittelpunkt des Lebens
Die Robbe ist wie kein anderes Tier eng mit dem Leben im hohen Norden verbunden oder krasser ausgedrückt: Sie ermöglicht erst das Überleben. Manche Funktionen, die früher der Robbe zukamen, sind zwar heute weggefallen, andere dafür hinzugekommen. Geblieben ist aber in jedem Fall die psychologische Bedeutung der Jagd – der Jägerstolz, die Selbstachtung und die soziale Stellung des erfolgreichen Jägers in der Gemeinschaft.

Das Jagen
Die traditionelle Form der Robbenjagd sei hier kurz beschrieben: mit dem leichten wendigen Kajak paddelt der Jäger zwischen die Eisberge, wo sich die Robben besonders gerne aufhalten. Jäger und Kajak sind durch ein kleines weißes Segel getarnt. Taucht ein Seehund für Sekunden auf, um Luft zu holen, schleudert der Jäger blitzschnell den bereitliegenden Wurfspeer, der durch eine Leine mit einem hinter dem Jäger liegenden Luftsack aus Darm oder Haut verbunden ist. Der vordere Teil der zusammengesetzten Speerspitze aus Knochen oder Walfischbein dringt oft schon tödlich in das Tier ein. Das durch den Luftsack an der Flucht gehinderte Tier wird beim nächsten Auftauchen mit dem Spieß erlegt. Die Wunden werden mit Holzpfropfen verstopft; eingeblasene Luft verhindert, daß das Tier versinkt. Noch vor wenigen Jahren konnte man Kajakjäger erleben, die mit einem Dutzend Seehunden im Schlepptau in den Hafen gepaddelt kamen.
Auch im Winter werden Robben gefangen. Man schlägt dazu Löcher ins Eis, legt darin Netze aus und schaut auf der täglichen Rundfahrt nach, ob sich ein Tier darin verfangen hat. Wenn nun das Meereis 2 m dick gefroren ist, ein Loch folglich nicht mehr geschlagen werden kann, wendet man eine andere Jagdtechnik an. Jeder Seehund hält sich auch bei dickstem Eis mehrere Luftlöcher (Waken) frei, die er regelmä-

ßig aufsucht und mit der Schnauze auftaut. Nur das geübte Auge des Jägers ist in der Lage, solch ein vom Schnee verdecktes Loch überhaupt zu erkennen. Vorsichtig schleicht sich der Jäger an und verharrt bewegungslos mit erhobenem Speer über dem Loch. Durch kratzende Geräusche versucht er zuweilen die neugierigen Tiere anzulocken und sticht bei der geringsten Bewegung sofort zu. Nicht so beschwerlich ist die Jagd im Frühjahr, wenn die Robben aus ihren Eislöchern aufs Eis kommen, um sich in der ersten Sonne zu wärmen. Verdeckt durch ein kleines weißes Segel, das er gleich einem Schlitten vor sich herschiebt, schleicht sich der Jäger bis auf Schußweite an und trifft mit sofort tödlichem Schuß.

Nahrung
Als Nahrungsquelle ist die Robbe nach wie vor unentbehrlich. Die in Grönland am häufigsten gejagte Ringelrobbe liefert rund 22 kg Fleisch. Der durchschnittliche Tagesverbrauch jedes Grönländers beträgt 300 g oder 100 kg im Jahr. Die Schlittenhunde decken einen Teil ihres täglichen Futterbedarfs von 2 kg durch Robbenfleisch, Robbenspeck oder Gedärm. Für den Winter wird die Jagdbeute auch in Streifen geschnitten, luftgetrocknet und als eiserne Ration aufbewahrt.

Licht und Wärme
Die Verwertung des Robbenfetts als Energielieferant ist heute kaum noch von Bedeutung. Früher wurde der Tran in zusammengenähten Fellsäcken aufbewahrt und im Winter in bis zu 40 cm lange ovale Lampen gefüllt. Ein Stückchen schwimmendes Moos diente als Docht. Über dieser Licht- und Wärmequelle wurde gekocht und die Kleidung getrocknet.

Baumaterial
In einem Land ohne nennenswerten Baum- und Strauchbestand verstanden es die Eskimos, sich Fell und Knochen der Robben sogar als Baumaterial zunutze zu machen. Pro Kajak wurden ca. 3 enthaarte Felle verarbeitet und die Nähte sorgfältig mit eingefetteten Sehnen und Hautstreifen vernäht. Alle Verbindungen der einzelnen Hundeschlittenteile waren aus Hautstreifen hergestellt und daher elastisch. Auch für die Errichtung ihrer Unterkünfte benutzten die Eskimos Seehundhäute. Das Sommerzelt bestand ebenso aus Fell wie das Dach des Win-

Robbenfang in alter Zeit

terhauses. Meistens benutzte man sogar das gleiche Fell und ließ die Winterbehausung im Sommer ohne Dach durch Wind, Regen und Sonne reinigen. Knochenstücke werden auch heute noch zu Bestandteilen für Waffen, Hausgeräte, Schmuck oder als Spielzeug für die Kinder verarbeitet.

Kleidung
Für Schuhe (*kamiks*), Hosen, Handschuhe, Mützen, Kajakanzüge und Decken hatten die Eskimos neben wenigen Eisbär- und Rentierpelzen nur die Robbenfelle zur Verfügung. Der Wärmewirkung wegen werden noch heute vielerorts Stiefel und Hosen aus Fell der Stoffbekleidung vorgezogen.

Kajak und Umiak
Zweifellos ist der Kajak (*qajaq*) eine der bedeutendsten Erfindungen der Eskimos und ein weiteres Beispiel für die Anpassungsfähigkeit an die besonderen Verhältnisse der Arktis. Bezeichnend ist auch, daß der Kajak schon vor 1000 Jahren seine heutige Form fand und nicht mehr verbesserungsfähig war. Für die Eskimos ist es lebensnotwendig, daß sie sich schnell und leise an Robben, Wale und Walrosse heranpirschen und sich auf Speerwurfweite den Tieren nähern können. Genau für diesen Zweck ist der Kajak ideal. Das ca. 5 m lange Boot aus Seehundhäuten, das nur wenig breiter als die Hüfte des Jägers ist, liegt flach auf dem Wasser. Sitzt der Jäger dann im Kajak, so zieht er seine wasserdichte Kleidung über den mit Holz eingefaßten Bootseinstieg. Für das ca. 2 m lange, mit Knochen oder Walfischbein verstärkte Paddel wird nur das beste Holz verwendet. Besonders wird darauf geachtet, daß an der dünnsten Stelle des Paddels die Jahresringe diagonal angeordnet sind und so größtmögliche Festigkeit garantieren. Griffbereit neben dem Jäger liegen Harpune und Speer. Hinter dem Einstieg befindet sich der Luftsack aus Haut; die mit der Speerspitze verbundene Fangleine liegt zusammengerollt vor dem Fahrer auf dem Kajakstuhl. Mehrere Holzkeile und ein kleines Tarnsegel vervollständigen die Ausrüstung. Ein guter Fahrer erreicht eine Geschwindigkeit von 10–15 Knoten (18–25 km/h), bei günstigen Strömungsverhältnissen sogar darüber.
Zur hohen Kunst des Umgangs mit dem Kajak gehört die Beherrschung der Eskimorolle: Durch eine gekonnte Bewegung mit dem Pad-

Der Kajak – unübertroffenes Fortbewegungsmittel in Grönlands Gewässern

del gelingt es dem Fahrer, für Sekunden kieloben im Wasser zu treiben, um dann blitzschnell wieder an die Oberfläche zu gelangen. Diese Flucht unter die Wasseroberfläche kann unter Umständen die einzige Rettungsmöglichkeit sein, wenn Eisberge plötzlich ihre Lage verändern. Die dadurch ausgelösten meterhohen Wellen könnten sonst dem Kajakfahrer das Rückgrat brechen. Die wasserdichte Kleidung schützt für einen Moment vor dem eiskalten Meer.

Die Gefahren, die den Kajakfahrer bedrohen, bestehen aber nicht nur aus Eis, Flutwellen und dem Kampf mit den Tieren. Auch die spiegelglatte Wasseroberfläche birgt eine Gefahr, den sogenannten Kajakschwindel. Es handelt sich dabei um einen Trancezustand, in den der Fahrer bei ruhigem Wasser und tiefstehender glitzernder Sonne verfallen kann. Stunde um Stunde sitzt er dann bewegungslos im Boot, bis endlich ein Windstoß das Bild vor seinen Augen zerstört – oder das Kajak kippt und der Fahrer ertrinkt.

Neben dem Kajak fand früher der Umiak häufig Verwendung. Er besteht wie der Kajak aus einem Bootskörper aus Fell mit Holzgerüst, ist jedoch wesentlich größer als dieser und diente der Waljagd und dem

Personentransport. Ein solcher Umiak erreichte eine Länge von 9 m und bot über 10 Personen Platz. Ein kleineres Exemplar ist im Landesmuseum in Nuuk (Godthåb) zu bewundern, wo auch Kajaks aus den einzelnen Gebieten des Landes ausgestellt sind.

Der Hundeschlitten

Als das Thule-Volk um 1000 n. Chr. in Nordgrönland einwanderte, war es mit seinen Kenntnissen allen anderen Kulturen überlegen. Diese Überlegenheit gründete sich zum einen auf die Fertigkeit im Kajakbau, zum Großteil aber sicher auf den Gebrauch des Hundeschlittens, mit dem Tagesetappen von 80 km zurückgelegt werden konnten. Während der Kajak heute immer seltener eingesetzt wird, blieb der Hundeschlitten bis in die Gegenwart hinein ein wichtiges Transportmittel und Bestandteil des kulturellen Lebens.

Der Aufbau des Schlittens hat sich in den letzten 1000 Jahren kaum geändert: Zwei vorn hochgezogene Holzkufen werden durch eine Reihe von Querleisten verbunden. Dazu eignen sich besonders Hautstreifen, Sehnen oder gedrehte Därme, da so eine höchstmögliche Elastizität bei starken Erschütterungen erreicht wird. Vor den 1,5–6 m langen Schlitten werden die Hunde gespannt. Je nach Region und Einsatzzweck besteht ein Gespann aus 6–16 Tieren. In den waldreichen Gegenden Kanadas und Alaskas laufen die Hunde in engen Zweierreihen, in Grönland hingegen in breiter Fächerform. Es bedarf langer Übung und der Kenntnis jedes einzelnen Hundes, um das Gespann unter Beachtung der Rangordnung innerhalb des Schlittenhundrudels führen zu können.

Pro Hund müssen am Tag 2 kg Fisch oder Fleisch beigebracht werden, d.h., daß allein die Hunde an jedem Tag der Reise einen ganzen Seehund verschlingen. Nur am Rande sei vermerkt, daß früher in Ermangelung von Holz einzelne Teile des Schlittens aus zusammengerollten gefrorenen Fellen oder zu Kufen geformten, gefrorenen Fischen hergestellt wurden.

Ein besonderes Wort sei den grönländischen Schlittenhunden gewidmet. Mancher Grönlandreisende wird bei seiner Ankunft in Südgrönland enttäuscht sein, diese Hunde, die in seiner Vorstellung für die Arktis so typisch sind, nicht anzutreffen. Ursache dafür ist die sogenannte Hundeschlittengrenze, die entlang des 67. Breitengrades nördlich von Sisimiut (Holsteinsborg) verläuft. Nur nördlich dieser Grenze

Der Hundeschlitten – noch heute ein wichtiges Fahrzeug

ist es erlaubt, die unermüdlichen Zugtiere und Helfer jeder Expedition zu halten. Die Begründung für diese Regelung ist einleuchtend: Südlich von Sisimiut besteht von den klimatischen Verhältnissen her die Möglichkeit, Schafe zu züchten, und wer jemals Bekanntschaft mit einem Rudel Schlittenhunde gemacht hat, wird die Unvereinbarkeit dieser beiden Tierarten verstehen. Auch heute, wo in Grönland das moderne Leben längst Einzug gehalten hat, ist im Winter der Einsatz von Schlittenhunden notwendig für Transport und Jagd. Im Sommer allerdings sind die Tiere zur Untätigkeit verurteilt, und traditionsgemäß hält sich dann der Grönländer an das Motto »Wer nicht arbeitet, soll auch nicht essen«. Die Hunde werden dann nur alle paar Tage gefüttert. Bis vor wenigen Jahren streunten so überall die Hunde auf ständiger Nahrungssuche umher, und jedes Jahr wurden Kleinkinder ihr Opfer, wenn sie, hingefallen, gleich vorgeworfenem Futter zerrissen wurden. Nachdem sich auch Schutzzäune um Schulen nicht als sicher erwiesen, ist heute jeder Hundehalter verpflichtet, die Tiere anzuketten. Ausgenommen davon sind nur tragende Hündinnen und Junge bis 6 Monate, andere freilaufende Tiere werden erschossen.

Sollte sich trotz dieser Maßnahmen doch eine gefährlich erscheinende Situation ergeben, so wird jeder Hund (Schlittenhund!) sofort den Rückzug antreten, wenn der Grönländer sich auch nur nach einem Stein bückt, denn schon von klein auf üben hier die Kinder zielgenaues Werfen.

Der Iglu

Schon seit 4000 Jahren beherrschen die Eskimos die Kunst, einen Iglu zu bauen. Ausgrabungen aus der Zeit der Dorset-Kultur förderten Schneemesser zutage und lassen den Schluß zu, daß seit dieser Zeit der Iglubau auch in Grönland bekannt war. Mit dem Schneemesser werden dazu Schneeblöcke ausgeschnitten und zu einem spiralförmig ansteigenden Kreis zusammengelegt. Alle weiteren Schneeblöcke werden dann mit leichter Innenneigung auf diese Grundspirale gesetzt, bis nur noch ein Loch in der Decke freibleibt. Ein großer Würfel vollendet den Kuppelbau.

Auch die Eingangsfrage ist genial gelöst. Als Kälteschleuse führt unter der Schneewand ein Kriechgang ins Freie. Alle warme Luft sammelt sich in der Kuppel des Iglus, die Kaltluft bleibt im tieferliegenden Eingang. Um die Wände zu festigen, wird mit einer Lampe oder ähnlichen Wärmequelle die Innenwand angetaut. Wenn diese Wärmequelle wieder entfernt wird, gefriert das Wasser sofort, und die Innenseite des Iglus ist stoßfest. Eine klare Eisscheibe oder ein zusammengenähter Seehunddarm erhellt den Schneebau.

Eine große Schlaffläche wird mit Fellen ausgelegt, und ständig brennt eine Tranlampe oder ein sonstiger Wärmespender. Wie hoch die so erzielte Innentemperatur von +6°C erscheint, läßt sich erst in Relation mit einer Außentemperatur von z.B. − 44°C ermessen. Im europäischen Winter käme man vergleichsweise von −15°C Kälte in einen mit 35°C überhitzten Raum.

Allerdings hat der Iglu, für viele Menschen geradezu das Sinnbild des arktischen Lebens, in Wirklichkeit nie die Bedeutung gehabt, die man ihm beilegt. Nur im äußersten Norden baute und baut man ihn auf langen Jagdreisen zum Teil auch heute noch. Soweit Baumaterialien wie Holz, Walknochen, Torf oder Steinplatten verfügbar waren, wurden diese immer zum Bau der Winterunterkunft vorgezogen. Daß der Iglu somit nur als schnell zu errichtende Reiseunterkunft Verwendung fand, mindert aber keinesfalls seinen erfinderischen Wert.

Grönländische Torfhütten, die weitaus weniger Berühmtheit erlangten, jedoch als Winterquartiere häufiger benutzt wurden, sind in Qaqortoq (Julianehåb), Ilulissat (Jakobshavn) und Umanaq nachgebaut worden. Auch diese unscheinbaren niedrigen Hüttchen waren durch die dicken Torfwände hervorragend gegen Kälte isoliert.

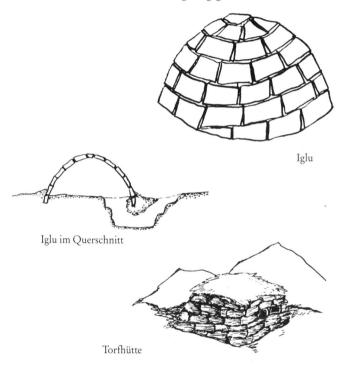

Iglu

Iglu im Querschnitt

Torfhütte

Anreise und Verkehr

Vorbemerkung
Grönland hat viele Reize – kleine bunte Holzhäuser vor kargen Berghängen, blühende Wiesen, vor denen majestätisch die Eisberge entlangziehen, tief eingeschnittene Meeresarme, in deren Oberfläche sich steile Felshänge spiegeln, Berge, die immer noch auf ihre Erstbesteigung warten, faszinieren immer mehr Besucher. Die Insel mit ihrer unberührten Natur und ihrer Stille bietet Erlebnisse, die den meisten Mitteleuropäern unbekannt sind, seien es nun tagelange Wanderungen durch menschenleere Landschaften, Hundeschlittenfahrten bei klirrender Kälte, Wanderungen zum ewigen Eis oder eine geruhsame Reise mit dem Versorgungsschiff, bei der man das Küstenpanorama an sich vorbeiziehen läßt.
Allerdings sollte man vor Antritt der Reise wissen, daß ein Grönlandaufenthalt nicht gänzlich vorausplanbar ist. Die Kapazität der Beförderungsmittel ist auf den Bedarf der einheimischen Bevölkerung zugeschnitten, und schon heute kann es vorkommen, daß die Grönländer selbst kurzfristige Reisen wegen wochenlang ausgebuchter Schiffe nicht durchführen können. Engpässe kann es auch bei der Hotelunterkunft geben. Ohne Voranmeldung kann man nicht immer mit freien Zimmern rechnen denn die Kapazität ist begrenzt, und oft haben Reiseveranstalter für Tage alle Zimmer mit Gruppen belegt. Besser dran ist der Rucksackurlauber mit eigenem Zelt, denn er kann überall ein Plätzchen finden und noch dazu die hohen Übernachtungskosten sparen. In Südgrönland werden Wanderferien, bei denen man in den einfachen Hütten der Schafzüchter übernachtet, immer beliebter; sie werden von mehreren Veranstaltern angeboten. Eine gute Möglichkeit, den Schwierigkeiten der Zimmersuche zu entgehen, sind kombinierte Flug-Schiffsreisen entlang der Westküste, die nicht nur einen guten Überblick vermitteln, sondern auch von der Sorge um ein Quartier für die Nacht befreien. Der größte Unsicherheitsfaktor einer Grön-

landreise sind jedoch die durch das Wetter leicht beeinflußbaren Verkehrsverbindungen. Da kann es schon einmal passieren, daß tagelang keine Flüge stattfinden oder die Schiffe wegen Treibeis nicht in den Hafen einlaufen können.
Der Großteil des Grönlandtourismus konzentriert sich auf den südlichen Landesteil, wo auch das touristische Angebot entsprechend ausgeformt wurde. An zweiter Stelle folgt Westgrönland mit Schwerpunkt rund um die Disko-Bucht. Ein Besuch des Angmagssalik-Bezirks an der Ostküste ist leicht als Kombination mit einem Islandaufenthalt denkbar, da die isländische Fluggesellschaft Icelandair einen regen Luftverkehr mit diesem Landesteil betreibt und neben Tagesausflügen auch Wochenreisen anbietet. Ein längerer Aufenthalt ist besonders für Bergsteiger interessant, die dort noch zahlreiche unbezwungene Gipfel finden; für solche Unternehmungen sollte man sich jedoch auf jeden Fall einer geleiteten Tour anschließen. Diese Empfehlung läßt sich verallgemeinern: Auch der sonst individuell Reisende sollte sich bei einem ersten Aufenthalt auf Grönland nach Möglichkeit einer Gruppenreise anschließen.
Ganz besonders eindringlich ist die Teilnahme an einer organisierten Tour bei einer Winterreise nach Grönland zu empfehlen, denn bei Temperaturen von −40°C sollte nichts dem Zufall überlassen werden. Darüber hinaus liegt der besondere Reiz eines Winteraufenthaltes sicher darin, einmal an einer Hundeschlittenfahrt teilzunehmen. Für den Individualisten kann es aber äußerst schwierig sein die entsprechende Pelzkleidung auszuleihen, einen Schlitten mit Fahrer zu mieten und den Umgang mit einem derartigen Gefährt zu erlernen.
Bei rund 8000 Touristen im Jahr, die Grönland einen mehrtägigen Besuch abstatten, ist die wirtschaftliche Bedeutung des Tourismus derzeit noch nicht allzu groß. Wenngleich auf der einen Seite ein Anstieg der Besucherzahlen angestrebt wird, liegt aber doch von der Sache wie von der Zielsetzung her nichts ferner, als Grönland zu einem Reiseziel des Massentourismus zu vermarkten. Schließlich sollte jeder Besucher auch bedenken, daß sich eine Lebensgemeinschaft von nur 55 000 Menschen, für die bis vor 30 Jahren der Tourismus gänzlich unbekannt war, erst langsam auf die neuen Gegebenheiten einstellen muß.

Reisen nach Grönland
Flugverbindungen
Der Personenverkehr von und nach Grönland erfolgt fast ausschließlich auf dem Luftweg. Für den Flugverkehr nach Westeuropa stehen drei Flughäfen zur Verfügung. Einflugstor für Reisen an die Westküste ist Søndre Strømfjord, ca. 130 km von der Stadt Sisimiut (Holsteinsborg) entfernt. Entsprechend dem Transportbedarf werden von der SAS (Scandinavian Airlines System) im Winter 3, im Sommer 5 Flüge pro Woche ab Kopenhagen angeboten. Südgrönland erreicht man über Narssarssuaq, einen Transitflughafen, der wie Søndre Strømfjord im Zweiten Weltkrieg von den Amerikanern angelegt wurde. Im Winter gibt es 2, im Sommer 3 Flüge pro Woche ab Kopenhagen mit der Grønlandsfly/Greenlandair. Die Maschinen landen meist in Island zwischen. (Ein eingeschobener Islandaufenthalt ist aber nur gegen Zahlung eines hohen Aufpreises möglich.) Der dritte für den Tourismus geöffnete Flughafen des Landes in Kulusuk/Ostgrönland wird ebenfalls ab Kopenhagen mit Zwischenlandung in Island bedient. Hier gibt es entsprechend dem geringen Passagieraufkommen nur eine Verbindung pro Woche im Sommer und nur eine pro Monat im Winter. Während der Sommermonate fliegt die isländische Fluggesellschaft Icelandair täglich ab Keflavik (Island) Kulusuk an.
Von Kopenhagen nach den genannten drei Flughäfen sind ca. 1000 DM pro Strecke (Stand: Frühjahr 1991) zu entrichten. Kinder zwischen 2 und 11 Jahren zahlen 50 %, Kinder unter 2 Jahren 10 % des Preises. Bis zum 25. Lebensjahr erhält man 25 % Rabatt. Bei einem Aufenthalt von mindestens 14 und maximal einem Monat sind ca. 1700 DM für ein Hin- und Rückflug-Ticket zu zahlen. Für Ankunft und Abflug können verschiedene Orte gewählt werden, wobei sich besonders Narssarssuaq und Strømfjord als Kombination anbieten. Seit kurzem besteht auch die Möglichkeit, Grönland von Kanada aus zu erreichen. Die Gesellschaften Grønlandsfly und First Air fliegen zweimal wöchentlich von Frobisher Bay nach Nuuk (Godthåb). Der Flugpreis beträgt für die einfache Strecke ca. 550 DM. Für Familien, Senioren und Jugendliche werden Ermäßigungen gewährt.

Schiffsverbindungen
Der regelmäßige Frachtschiffverkehr zwischen Dänemark und Grönland eröffnet die Möglichkeit, auf einem KNI-Frachter Grönland zu

erreichen. Auf einer solchen 2–4 Wochen langen Reise werden gewöhnlich 2–3 Häfen angelaufen. Die Kosten für die Hin- und Rückfahrt von Aalborg (Dänemark) nach Grönland betragen zwischen 2000 DM (Qaqortoq/Julianehåb) und 3000 DM (Thule). Diese Preise verstehen sich incl. Unterbringung in einer 2-, 3-, 4- oder 5-Personenkabine sowie Verpflegung. Vom 1. Juni bis zum 30. September wird ein Familienrabatt gewährt, wenn mindestens zwei Familienmitglieder gleichzeitig ihre Fahrkarten kaufen und zusammen reisen. Die erste Karte in jeder Richtung wird dann mit dem vollen Preis bezahlt, die zweite abzüglich 25 %. Kinder zwischen 4 und 13 Jahren zahlen die Hälfte, für Passagiere unter 4 Jahren ist die Fahrt kostenlos.

Reisen in Grönland
Flugverbindungen
Während man bei den Flugverbindungen nach Grönland kaum auf Schwierigkeiten stößt, ist im innergrönländischen Verkehr das Wetter ein entscheidender Unsicherheitsfaktor. Es ist durchaus möglich, daß für Tage, im Winter gar für Wochen, die gewünschte Verbindung nicht zustande kommt. In diesem Fall muß der Reisende voll die durch die unfreiwillige Verzögerung entstehenden Kosten tragen. Kann dann endlich ein Flugzeug oder ein Hubschrauber starten, so ist trotz gültigen Tickets die Mitnahme aller Passagiere noch keineswegs gesichert, denn die Sitzverteilung erfolgt nach strengen Regeln – wie das in einem Land, in dem das Flugzeug oft genug die einzige Verbindung zur Außenwelt darstellt, auch nicht anders denkbar ist. Absoluten Vorrang haben Menschen, die medizinisch versorgt werden müssen, anschließend belegt die Post einen Teil der Transportkapazitäten, und erst dann kommen die Passagiere entsprechend der Reihenfolge ihres Eintreffens auf den Flughäfen und der Plazierung auf der Passagierliste an die Reihe. Allerdings können sonstige Faktoren, wie z. B. Anschlußverbindungen, wartende Schiffe u.ä., manchmal auch berücksichtigt werden. Der Flugverkehr wird durch die Grønlandsfly/Greenlandair mit Dash 7-Maschinen und S 61-Hubschraubern besorgt.
Das grönländische Hubschraubernetz ist das größte der Welt und reicht von Upernavik im Norden bis Nanortalik im Süden, es umfaßt also eine Entfernung, die der Strecke Kopenhagen – Rom entspricht. Alle größeren Orte an der Westküste sind an dieses Netz angeschlossen. Angeflogen werden Upernavik, Umanaq, Ilulissat (Jakobshavn),

Mit dem Versorgungsschiff unterwegs vor Grönlands Küste

Qasigianguit (Christianshåb), Qeqertarssuaq (Godhavn), Ausiait (Egedesminde), Sisimiut (Jakobshavn), Søndre Strømfjord, Nuuk (Godthåb), Pamiut (Frederikshåb), der Militärstützpunkt Grønnedal, Qaqortoq (Julianehåb), Narssaq, Narssarssuaq und Nanortalik. Die Preise sind allerdings nicht gerade niedrig. So liegen die Kosten für einen Flug von Søndre Strømfjord nach Ilulissat (Jakobshavn) bei rund 300 DM; fliegt man vom selben Flughafen nach Upernavik, muß man sogar über 1700 DM bezahlen. Der hohen grönländischen Flugpreise wegen ergibt sich die groteske Situation, daß es billiger sein kann, vom hohen Norden erst nach Dänemark und von dort aus nach Südgrönland zu fliegen als die direkte innergrönländische Verbindung zu benutzen. In der Disko-Bucht kostet jede Helikopterverbindung einheitlich 180 DM.

Schiffsverbindungen
Während im Passagierverkehr von und nach Grönland eindeutig das

Flugzeug dominiert, werden im innergrönländischen Verkehr die preiswerteren Schiffsverbindungen vorgezogen. Zwischen Nanortalik im Süden und Upernavik im Norden verkehren entlang der Küste die »Kununguaq« (230 Passagiere/106 Kabinenplätze) und die »Disko« (250 Passagiere/138 Kabinenplätze). Im Winter ruht der Schiffsverkehr, und auch im Frühjahr und Herbst kann wegen der Eismassen nur ein eingeschränkter Betrieb aufrecht erhalten werden. In der Disko-Bucht bedient die »Tugdlik« (100 Deckplätze) in einem wöchentlichen Turnus die kleineren Ortschaften. Die gleiche Funktion erfüllen in Südgrönland die »Taterak« (80 Deckplätze) und die »Aleqa Ittuk« (20 Deckplätze). Zwischen Manitsok (Sukkertoppen), Kangamiut, Napassoq und Atangmik verkehrt die kleine neue »Avia Ittuk« (20 Deckplätze).
Zwischen den Städten und Siedlungen gibt es außerdem Versorgungsschiffe, die bis zu 12 Passagiere mitnehmen können. Alle Schiffe zeichnen sich durch eine besondere Pünktlichkeit aus und sind als Verkehrsmittel bestens geeignet. Da die Schiffe in allen Städten mehrere Stunden Aufenthalt einlegen, bietet sich so auch Gelegenheit zum Landgang.
Der Preis für eine Deckpassage von Narssarssuaq nach Nanortalik liegt bei 170 DM; für eine Fahrt nach Sisimiut (Holsteinsborg) muß man etwa 600 DM bezahlen. Fährt man von hier aus noch weiter bis zum nördlichsten Hafen, nach Upernavik, so muß man noch einmal mit 400 DM rechnen (alle Preise einfache Fahrt). Die Verpflegungskosten an Bord betragen ca. 50 DM pro Tag. Die Buchung kann über den KNI oder ein dänisches Reisebüro erfolgen.

Bootsverleih
An einigen Orten können von der staatlichen Schiffahrtskontrolle ausgewählte Boote mit Steuermann zum Preis von ca. 1500 DM pro Tag gemietet werden. Solche Boote mit einer Kapazität für 10–40 Passagiere führen am Steven den Buchstaben »P« und müssen im Besitz eines Passagierzertifikats sein.
Will man ein kleineres Boot chartern, so müssen zwischen 100 DM pro Stunde und 300 DM für einen halben Tag veranschlagt werden. Allerdings kann man auch versuchen zu handeln.

Straßenverhältnisse
Im ganzen Land gibt es ca. 3000 Autos, aber nur in den Städten existiert ein dünnes Straßennetz. Die 250 Taxis sind jedoch auch für kürzeste Entfernungen beliebt. Kein Ort Grönlands ist mit einem anderen durch eine Straße verbunden. Eine Ausnahme bildet nur die Militärstation Grønnedal, die von der wenige Kilometer entfernt liegenden Ortschaft Ivigtut über eine Straße erreichbar ist.

Hundeschlitten
Obwohl die Bedeutung des Hundeschlittens immer mehr zurückgeht, stellt er auf den winterlichen Jagdreisen nach wie vor ein unentbehrliches Beförderungsmittel dar. Die Hundeschlittensaison in der Region nördlich von Sisimiut (Holsteinsborg) sowie in Ostgrönland (Angmagssalik) dauert von Mitte Januar bis Mitte April, wenn die Sonne die lang anhaltende Dunkelheit der Polarnacht bereits wieder zurückzudrängen beginnt. Wegen der Minustemperaturen und der teilweisen körperlichen Untätigkeit auf dem Schlitten sind warme Fellkleidung oder Thermo- bzw. Daunenanzüge eine unumgängliche Voraussetzung für die Teilnahme an einer solchen Fahrt. Doch obgleich die Kälte die größte Herausforderung im Rahmen dieses Unternehmens zu sein scheint, sollte man die physischen Anstrengungen nicht unterschätzen. Eine gute Kondition ist von größter Wichtigkeit, denn eine Hundeschlittenfahrt besteht eben nur zum Teil aus dem Lenken des Schlittens; sie bedeutet auch immer wieder abspringen, hinter dem Schlitten herlaufen, aufspringen auf das Gefährt und bei steilen Steigungen auch schieben und evtl. ziehen, um die Hunde nicht allzu stark zu erschöpfen. Es soll nochmals darauf hingewiesen werden, daß Schlittenhunde nur bedingt zahm sind (S. 86). Übrigens: Hundegespanne haben stets Vorfahrt. Der Preis für ein Gespann von 10 bis 14 Hunden incl. Hundeschlittenführer beträgt ca. 250 DM pro Tag.

Südgrönland

Narssarssuaq
Narssarssuaq ist Ankunftsort aller Flugreisenden nach Südgrönland. Der Flugplatz wurde von den Amerikanern im Zweiten Weltkrieg unter der Bezeichnung Blue West I angelegt und bis 1957 mit einer zeitweiligen Stärke von 4000 Mann benutzt. Heute dient er dem zivilen Luftverkehr.
Schon die Wikinger, die sich im Jahr 1000 in den umliegenden Fjordtälern niederließen, schätzten das günstige Klima mit Temperaturen von über 20°C im Sommer. Narssarssuaq liegt 60 km vom offenen Meer entfernt, geschützt am Ende des Eriks-Fjords (Tunugdliarfik) auf dem gleichen Breitengrad wie Oslo. Die Übersetzung des grönländischen Namens bedeutet »große Ebene« und verdeutlicht die geographischen Gegebenheiten: Durch ein 2 km breites Tal fließt weitverzweigt, ein vom nur 10 km entfernten Inlandeis kommender Gletscherfluß zwischen den seitlich bis zu 1000 m steil aufragenden kahlen Felsen dem Meer zu. Das Tal zeichnet sich durch eine reiche Vegetation aus: Hier wachsen, für Grönland äußerst selten, sogar mehrere Meter hohe Bäume. Narssarssuaq eignet sich gut für eine erste Bekanntschaft mit Grönland und als Standort für Ausflüge in die Umgebung.
Übernachtungsmöglichkeiten bieten das Arctic Hotel nahe dem Flugfeld sowie die Fjeldstation (Bergstation) des dänischen Wandervereins wenige hundert Meter taleinwärts. Es gibt keinen offiziellen Campingplatz, jedoch überall geeignete Plätze, insbesondere in den Wäldchen außerhalb der bebauten Flächen. Das Touristenbüro befindet sich im Arctic Hotel. Postamt und KNI-Büro (z.B. für Schiffsreservierung) gibt es ebenso wie einen kleinen Supermarkt, in dem man Grundnahrungsmittel und Angelausrüstungen erwerben kann. Grönländische Handarbeit kann man im Kiosk des Arctic Hotels erwerben. Dieses Hotel organisiert auch Schiffsausflüge und Angelfahrten. Grönländisches Brauchtum wird man in Narssarssuaq nicht finden, denn alle

Bewohner leben hauptsächlich wegen des Flugplatzes hier, bei dem viele beschäftigt sind. Sie wohnen mit ihren Familien in Fertighäusern und kehren irgendwann wieder in ihre grönländischen Wohnorte zurück. In Narssarssuaq hat auch der Eiswarndienst seinen Sitz, der 1959 nach dem Untergang des Passagierschiffes »Hans Hedtoft« am Kap Farvel eingerichtet wurde.

An dem Felsen gegenüber der Eingangshalle zum Flughafen ist eine Tafel zu Ehren des Japaners Naomi Uemura (1941–84) angebracht, der im Jahre 1978 2600 km mit dem Hundeschlitten auf dem grönländischen Inlandeis zurücklegte, nachdem er im selben Jahr bereits eine Expedition zum Nordpol unternommen hatte.

Im Sommer gibt es 4–5, im Winter 2 Flüge pro Woche ab Kopenhagen. Während der Sommerzeit fliegt auch die Icelandair täglich ab Keflavik (Island) nach Narssarssuaq. Schiffsverbindungen ab Dänemark schlagen in der Personenbeförderung nur mit einem verschwindend geringen Prozentsatz zu Buche. Einmal pro Woche läuft eines der großen Passagierküstenschiffe und das Bezirksschiff »Taterak« in Narssarssuaq ein. Flugzeugverbindungen bestehen nach Nuuk (Godthåb) und Søndre Strømfjord. Alle Städte der Westküste sind von Narssarssuaq aus mit dem Hubschrauber (vgl. S. 93) zu erreichen.

Ausflüge
Das Inlandeis
Eine Wanderung zum Inlandeis dauert 6–8 Stunden und ist im letzten Wegstück etwas beschwerlich, da dieses steil bergauf über rutschige, stark ausgetretene Hänge führt. Solide Schuhe und etwas Übung im Wandern sollte man zu dieser Tour – wie auch zu allen ähnlichen Unternehmungen in Grönland – schon mitbringen (vgl. S. 195). Man folgt der Straße am Flugfeld vorbei und trifft bald auf die Reste des US-Militärkrankenhauses. Angesichts der Größe und Abgeschiedenheit des Landes hielt man es anscheinend nach Abzug der Amerikaner nicht für angebracht, noch gründlich aufzuräumen, so daß diese Stätte lange Zeit der größte Schuttplatz des Landes war. An das 1000-Betten-Krankenhaus, das letztmals im Koreakrieg (1952) als Transit-Lazarett benutzt wurde, erinnert heute nur noch ein einsamer Schornstein. Hinter kleinen Birkenwäldchen eröffnet sich bald ein erster Blick auf die Gletscherzunge. Der Pfad überquert einen Bergrücken und führt auf der anderen Seite zum Eis hinab. Dort bietet sich ein beeindrucken-

Die noch erhaltenen Grundmauern der Domkirche von Gardar

der Anblick: Bei Sonnenschein schillern die Gletscherspalten in allen Regenbogenfarben, und weithin bis zum Horizont erstreckt sich das ewige Eis. (Vor dem Betreten des Gletschers wird dringend gewarnt!) Der Rückweg erfolgt auf der gleichen Strecke.

Zu den Wikingerruinen nach Igaliko
Nach einstündiger Bootsfahrt über den Eriks-Fjord erreicht man Itilleq. Von hier aus führt ein Wanderweg in einer Stunde nach Igaliko. Eventuell besteht die Möglichkeit, einen traktorgezogenen Wagen zu benutzen.
Igaliko (»verlassenes Biwak«) hat 60 Einwohner und liegt am Ende des Ejnars-Fjord an der Stelle des ehemaligen Ortes Gardar. Hier befand sich während der Wikingerzeit der Sitz des Bischofs von Grönland. Die Ruinen des im 12. Jh erbauten Domes zeugen von erstaunlichem Wohlstand und vergangener Pracht der früheren Siedlung: Bei einer Abmessung von 27 auf 16 m war dieses ganz aus Sandstein errichtete Gemäuer nicht nur für das Grönland jener Zeit ein wahrer Monumentalbau – in ganz Nordeuropa gab es damals nur eine größere Kirche.

In den Stallungen des Bischofs war Platz für über 100 Kühe, und ein ausgeklügeltes Bewässerungssystem war Grundlage für üppige Ernten. Nicht weit von der Kirche, die dem heiligen Nikolaus, dem Schutzpatron der Seefahrer, geweiht war, befindet sich ein altes Bischofsgrab. Unter den Grabbeigaben fand man Schnitzereien aus Knochen und Walroßzähnen. Am Wegesrand, auf der Höhe der Ruinen, steht ein Denkmal zu Ehren des Wiederentdeckers von Igaliko, des norwegischen Kaufmanns Anders Olsen (S. 108) und seiner grönländischen Ehefrau Nulialo Tuperna.
Die Einwohner Igalikos sind wegen ihrer Gastfreundschaft bekannt. Sie leben überwiegend von der Schafzucht. In einem kleinen Café kann man sich für die Rückwanderung stärken; es bietet auch bescheidene Unterkunftsmöglichkeiten, ebenso wie eine ehemalige amerikanische Baracke.

Ein Bootsausflug nach Qagssiarssuk
Der 85 Einwohner zählende Ort auf der Narssarssuaq gegenüberliegenden Seite des Eriks-Fjords ist in 20 Minuten mit einem der zahlreichen Boote zu erreichen. Hier in Qagssiarssuk, damals *Brattahlid* genannt, siedelte sich im Jahr 985 Erik der Rote mit seinem Gefolge an und leitete die Besiedlung durch die Wikinger ein. Man sieht noch die Ruinen von Wohngebäuden, Stallungen und einer Kirche. Tjordhild, die Frau Eriks, ließ dieses älteste Gotteshaus Grönlands bauen, als die Wikinger um das Jahr 1000 das Christentum annahmen. Ein Relief von Sven Havsteen Mikkelsen, auf einem Felsen angebracht, erinnert an diese erste Zeit der Besiedlung und veranschaulicht die Gesamtanlage der Wikinger.
Nur wenige Meter von den Wikingerruinen entfernt liegen an der Uferböschung des Eriks-Fjords die Überreste von Eskimo-Winterquartieren. Typisch für diese Bauten sind die noch gut erkennbaren Kriechgänge, die ins Hütteninnere führten.
Qagssiarssuk, das auch über ein kleines Geschäft verfügt, eignet sich als Ausgangspunkt verschiedener Wanderungen, wie etwa quer über die Halbinsel **Tingimiut** (Übernachtungsmöglichkeit in einer Schafzüchterhütte), ins **Qordlortup-Tal** oder auf einen 1267 m hohen Berg bei **Ulunguarssuaq** im Nordwesten. Diese 12 km lange Wanderung wird von einem überwältigenden Blick auf den eisgefüllten **Nordre Sermilik** (Isa-Fjord) und das dahinterliegende Inlandeis belohnt.

Eine andere sehr interessante Wanderung führt von Qagssiarssuk nach **Qingua** am nördlichen Ende des Fjordes und von dort hinauf ins **Johan Dahl-Land**. Man kehrt entweder auf dem gleichen Weg zur Berghütte in Qingua zurück oder wandert eine Schleife hinüber zum **Eqalorutsit Kangigdlit Sermiat** (Gletscher) und von dort zurück nach Qagssiarssuk.

Der Qoroq-Fjord
Ein Erlebnis ist die Bootsfahrt in den Qoroq-Fjord, einen 15 km langen Seitenarm des Eriks-Fjords. Die Seitenwände des Tales ragen steil aus dem Meer, und durch ein Labyrinth von Eisbergen erreicht das Boot das Fjordinnere. An seinem Ende kalbt ein tätiger Gletscher direkt ins Meer, und mit etwas Glück erlebt man, wie unter donnerndem Getöse ein neuer Eisberg geboren wird.

Narssarssuaq als Ausgangspunkt mehrtägiger Wanderungen
Für längere Wanderungen von Narssarssuaq aus bieten sich vielfältige Möglichkeiten. Nach genauem Kartenstudium kann man leicht eine individuelle Strecke ausarbeiten, die hin und wieder kleine Siedlungen berührt und mehrere Wochen dauern kann. Da es bei solchen Touren keine markierten Wege gibt, ist der sichere Umgang mit Karte und Kompaß unbedingte Voraussetzung. Zur eigenen Sicherheit sollte man dieselben Grundregeln, die z.B. auch für Wanderungen in den Alpen gelten, beachten. Der Wanderer muß sich bei solchen Strecken bewußt sein, daß er unterwegs keine Menschenseele trifft.

Von Narssarssuaq nach Narssaq
Für diese Wanderung benötigt man etwa 4–5 Tage und ein eigenes Zelt. Der gesamte Proviant für die Zeit unterwegs muß mitgenommen werden. Auf manchen Etappen kann in Schafzüchterhütten übernachtet werden; solche Hütten stehen in Ivssormiut, Sidtlisit und Ipiutaq. Unterwegs auf dem abwechslungsreichen, jedoch nicht immer einfachen Weg findet man überall geeignete Zeltplätze und genügend Trinkwasser.
Man setzt mit dem Boot von Narssarssuaq über den Fjord nach **Qagssiarssuk** (S. 100) über. Von dort aus geht es in südwestlicher Richtung durch eine hügelige Landschaft an vielen Seen vorbei. Am zweiten Tag erfolgt der Anstieg zum **Naujat-Berg**, von wo aus der Weg in

Die grandiose Landschaft zieht viele Wanderer an

500–800 m Höhe in leichtem Auf und Ab verläuft. Die Wanderung folgt im ganzen den Windungen des Eriks-Fjordes und steigt, nachdem man den **Taseq-See** passiert hat, ins Tal des **Narssaq-Flusses** ab.
Anstatt über den Taseq-See kann man auch parallel der Südküste nach Narsaq gelangen.

Zum Gletscher Eqalorutsit Kangigdlit
Diese Wanderung, bei der ebenfalls Zelt und Proviant mitgeführt werden müssen, dauert 5–7 Tage. Der Weg beginnt auf der Narssarssuaq gegenüberliegenden Seite des Eriks-Fjordes in **Qagssiarssuk** (S. 100) und führt durch eine faszinierende Landschaft mit zahlreichen Ruinen aus der Nordländerzeit. Stellenweise müssen steile Auf- und Abstiege bewältigt werden. Das Ziel ist der **Eqalorutsit Kangigdlit**, einer der tätigsten Gletscher Südgrönlands, der sich mächtig in den Fjord Nordre Sermilik schiebt. Seine Nähe macht sich auch in der zunehmend rauher werdenden Natur bemerkbar.

Von Narssarssuaq nach Qaqortoq (Julianehåb)
Etwa 5–6 Tage Zeit, ein Zelt und Verpflegung sind Voraussetzung, um

diese schöne Wanderung antreten zu können, bei der man zunächst mit dem Boot nach **Itilleq** übersetzt und nach **Igaliko** läuft (S. 99). Von dort aus geht es zum 1210 m hohen **Redekammen**, einer Felsformation, deren Name soviel wie »Frisierkamm« bedeutet. Nicht weit entfernt liegt auch die alte Wikingerkirche von Ḥvalsey (S. 109). Über eine schmale Landenge und durch ein Seenplateau führt der Weg nach Qaqortoq hinab. Auf dieser Tour besteht unterwegs die Möglichkeit, in Sigssardlugtoq in einer Schafzüchterhütte zu übernachten. Es gibt verschiedene Streckenvarianten, aus denen sich jeder das Passende aussuchen kann.

Von Narssarssuaq nach Sydprøven
Diese Route ist eine der längsten, daher sollte man 6–8 Tage einplanen, um nicht hetzen zu müssen. Zunächst gelangt man wie in der zuvor beschriebenen Wanderung nach Igaliko und nach einer Stunde Bootsfahrt nach Søndre Igaliko, einer kleinen Schafzüchtersiedlung. Hier, an der Stelle der Wikingersiedlung *Undir Høfda* findet man die Ruinen einer großen Kirche. Es besteht Übernachtungsmöglichkeit in einer Hütte.
Man kann auch auf dem »Landweg« über zwei Gletscher von Igaliko nach Søndre Igaliko gelangen. Dabei geht es zuerst entlang der Küste nach **Iterdlaq** und dann hinauf zum **Jespersens-Gletscher** (dort Berghütte). Nachdem man den Gletscher und den benachbarten **Sermeq Kangigdleq** (Gletscher) überquert hat, folgt man einem breiten Tal hinunter nach **Søndre Igaliko**, eine interessante, aber nicht einfache Variante. Es gibt zahlreiche eiskalte Bäche zu durchwaten (wie fast auf jeder Grönlandwanderung), wozu man unbedingt leichte Turnschuhe anziehen sollte.
Von Søndre Igaliko gibt es zwei Möglichkeiten durch das seenreiche Vatnaverfi-Gebiet. Die nördliche Route nach **Eqaluit** (mit Schafzüchterhütte zum Übernachten) verläuft mehr im Flachland und dann durch ein Tal weiter nach **Qagdlumiut** (ebenfalls Schafzüchterhütte). Auch die östliche Route, auf der ebenfalls Übernachtungsmöglichkeit in einer Hütte bei **Vandfaldet** besteht, führt nach Qagdlumiut. Nach einem ersten strammen Anstieg, dann teils durch Täler, teils am Fjord entlang, gelangt man schließlich über **Lichtenau** (Schafzüchterhütte) nach **Sydprøven** (S. 111). Die Wege sind nicht markiert, aber viel falsch machen kann man eigentlich nicht, wenn man eine gute Karte hat.

Auch auf dieser Wanderung sollte der größte Teil des benötigten Proviantes mitgenommen werden, da die Einkaufsmöglichkeiten in den doch sehr kleinen Siedlungen begrenzt sind.

Narssaq
Von Narssarssuaq aus erreicht man die 1800 Einwohner zählende Stadt Narssaq nach 4–5tägiger Wanderung, dreistündiger Schiffsfahrt oder 20minütigem Hubschrauberflug. Einmal pro Woche besteht von hier aus Verbindung mit dem Bezirksschiff zu den einzelnen Orten Südgrönlands sowie mit dem Küstenschiff nach Norden. Helikopterverbindungen sorgen für schnellen Transport in andere Landesteile.
Narssaq – der grönländische Name bedeutet »Ebene« – liegt an der Südspitze der gleichnamigen Halbinsel unterhalb des Berges Qaqarssuaq. Zahlreiche Ruinen der Nordländer zeugen von der frühen Besiedlung des damals *Østerbygd* genannten Gebiets. Die heutige Stadt wurde erst im Jahr 1830 von einigen Familien neu gegründet und vergrößerte sich schnell zu einem lebhaften Zentrum für die örtliche

Die Bucht von Narssaq

Industrie. 1883 richtete der KGH eine Handelsniederlassung ein, 1949 entstand der Schlachthof, der sich zu einer der modernsten Fabrikanlagen des Landes entwickelt hat. Im Herbst werden bis zu 400 Lämmer pro Tag geschlachtet, den Rest des Jahres verarbeitet man Fischereiprodukte. In Narssaq lebte auch der Pastor, Maler und Dichter Henrik Lund (1875–1948), der die grönländische Nationalhymne »Nunarput« (unser Land) verfaßte. Sein Haus unweit des Sportplatzes ist in den Sommermonaten von 11 bis 15 Uhr der Öffentlichkeit zugänglich. Ein kleines Museum zeigt Bilder und Gegenstände des Alltagslebens der Fischer.

Narssaq eignet sich besser als Narssarssuaq für einen längeren Aufenthalt. Die Umgebung der Stadt bietet zahlreiche Wandermöglichkeiten, und steigt man auch nur ein kleines Stück die Hänge hinter den letzten Häusern hinauf, genießt man einen herrlichen Blick über den Fjord, in dessen hellblauem Wasser kleine Eisberge wie Zuckerwürfel verstreut schwimmen. Dieser Landesteil zeichnet sich durch ein reiches Pflanzenleben aus, wobei besonders im Spätsommer große Flächen in gelben, roten und lila Farben leuchten. Hier findet man dann gelbe Glockenblumen, blauen Enzian, rotgefärbte Farne, grünrot gefleckte Heidelbeersträucher und beigefarbene Wollblumen, um nur einige zu nennen.

Narssaq ist auf den Besucher bestens vorbereitet. Übernachtungsmöglichkeiten bieten zwei Hotels, zwei Wanderheime sowie zwei Campingplätze. Vier Restaurants servieren grönländische Spezialitäten. Es gibt Supermärkte, einen großen pelzverarbeitenden Betrieb, eine keramische Werkstatt, Edelstein- und Mineraliengeschäfte, eine Post- und Telegrafenstation, Polizei, Bank, Krankenhaus und Fremdenverkehrsbüro. Letzteres befindet sich am alten Hafen, wo die stattlichen Holzbauten der Kolonialzeit einen guten Eindruck dieser Epoche vermitteln. Am Kajakhafen sieht man auch heute noch, allerdings mehr zu Schauzwecken, die Boote auf Holzgestellen ruhen.

Ausflüge
Wanderung zum Kvanefjeld
Durch ein weitgestrecktes Flußtal im Nordosten der Stadt erreicht man nach 1½ stündiger Wanderung das Berggebiet des Kvanefjeld. Die hier lagernden 43 000 t Uran versprechen bei allem Für und Wider in Fragen des Abbaus einen hohen Gewinn für den nicht gerade ver-

wohnten grönländischen Staatshaushalt. Aber nicht nur die Finanzplaner, sondern auch die Geologen richten wegen der zahlreichen hier zu findenden wertvollen Mineralien ein besonderes Augenmerk auf diese Gegend. Verschiedene Mineralien, wie Aegirin, Arfyedsonith, Eudialyth, Sodalith, Stenstrupin und Ussingith, wurden erstmals hier gefunden. Eine Besonderheit ist auch der violettrote Tugtupith, der nur hier vorkommt und heute in den Geschäften der Stadt erworben werden kann. In unregelmäßigen Abständen führen der Fremdenverkehrsverein oder die Hotels auch Busfahrten über die steinige, holprige Straße zum Kvanefjeld durch. Das Sammeln von Edelsteinen ist dem Besucher allerdings nicht gestattet.
Auf dem Weg zum Kvanefjeld, ca. 2 km von Narssaq entfernt, liegen in unmittelbarer Straßennähe die kaum noch sichtbaren Überreste der Wikingersiedlung *Dyrnees*.

Angelfahrten und Bootsausflüge
Die örtlichen Hotels und der Fremdenverkehrsverein organisieren auf Wunsch Angelfahrten und Bootsausflüge in die zahllosen umliegenden Fjorde, u. a. auch zu dem riesigen Gletscher Eqalorutsit Kangigdlit am

Der Hafen von Qaqortoq

Heuernte in Südgrönland

nordöstlichsten Ende des Fjordes Nordre Sermilik (S. 102). Vereinzelt bieten auch Fischer Mitfahrgelegenheiten an. Man sollte sich frühmorgens am Hafen erkundigen. Gefangen werden hauptsächlich Seewolf, Heilbutt, Rotbarsch und Dorsch, in den kurzen schnellfließenden Flüssen Seesaiblinge, Forellen und Lachse.

Qaqortoq (Julianehåb)
Qaqortoq (»das Weiße«), dänisch *Julianehåb*, ist mit 3500 Einwohnern die viertgrößte Stadt des Landes. Alle Verwaltungs- und Versorgungseinrichtungen Südgrönlands haben hier einen Hauptsitz. Die Stadt breitet sich vom geschützten Hafen fächerförmig zu den sie umschließenden Bergen aus. Die modernen Bauten fügen sich harmonisch in das von bunten Holzhäuschen geprägte Ortsbild ein, so daß Qaqortoq nicht umsonst als eine der schönsten Städte Grönlands gilt. (Allerdings wurden hinter dem Berg am See in den 70er Jahren einige unproportionierte Wohnsilos errichtet.) Gegründet wurde die Stadt 1775 von

Anders Olsen, einem Kaufmann, der auf der Suche nach einem geeigneten Handelsplatz die Vorzüge des Naturhafens Qaqortoqs erkannte.
Ein Hotel, eine Jugendherberge und ein Seemannsheim stehen neben Privatzimmern, die das älteste Fremdenverkehrsbüro Grönlands vermittelt, zur Unterkunft bereit; der Campingplatz ist direkt neben einem kleinen See im Norden der Stadt gelegen. Für das leibliche Wohl sorgen Restaurants und Imbißstuben. Das Angebot der Geschäfte ist weitgespannt und umfaßt auch grönländisches Kunsthandwerk. Besonders empfehlenswert ist ein Besuch der Grönlands-Gerberei, einem staatlichen Betrieb, in dem man Pelzwaren und Felle aus ganz Grönland erstehen kann. Für Unterhaltung sorgen Filmvorführungen im Versammlungshaus, wo am Wochenende auch öfters Tanzveranstaltungen stattfinden, und die Bibliothek in der alten Schule. Körperlich betätigen kann man sich in den Julianehåb-Hallen oder auf dem Sportplatz.
Direkt am Hafen kann man den einzigen Springbrunnen Grönlands bewundern, der 1928 zum Gedenken berühmter Grönländer errichtet wurde. Um den Brunnenplatz herum liegen zahlreiche historische Gebäude, darunter die Erlöserkirche von 1832 und die Böttcherwerkstatt, ein Fachwerkhaus aus dem Jahre 1781. Im Innern der Kirche befindet sich ein Rettungsring, der als einziges Überbleibsel an die größte Schiffskatastrophe in der neueren Geschichte des Landes erinnert: Im Jahr 1959 war die als unsinkbar geltende »Hans Hedtoft« auf der Jungfernfahrt von Dänemark nach Grönland mit 95 Passagieren vor dem Kap Farvel nach Kollision mit einem Eisberg gesunken. Interessant ist auch ein Besuch des Museums, zu dem eine vollständig eingerichtete Torfhütte gehört, wie sie bis zum Zweiten Weltkrieg von allen Grönländern bewohnt wurde. Ebenfalls zum Museum gehört das Forstanderskabshaus, in dem in der zweiten Hälfte des 19. Jh.s die Vorsteherschaft, die erste gewählte Vertretung Südgrönlands, ihre Sitzungen abhielt. Das Museum ist im Sommer täglich von 14 bis 16 Uhr geöffnet, doch können weitere Termine mit Hilfe des Fremdenverkehrsbüros vereinbart werden. Von einem der umliegenden Berge aus hat man eine ausgezeichnete Aussicht auf die Stadt, die gegenüberliegende Insel Akia und die Schärenlandschaft der Umgebung mit ihren zahlreichen, rund abgeschliffenen Inseln.
Alle größeren Orte Südgrönlands können dank der zentralen Lage

Qaqortoqs mindestens einmal pro Woche mit dem Bezirks- oder dem Küstenschiff erreicht werden. Die Fahrzeit nach Nanortalik ganz im Süden, beträgt mit Zwischenaufenthalten ca. 12 Stunden, nach Narssaq 2,5 Std., nach Narssarssuaq 6 Std. Mehrmals wöchentlich gibt es auch Hubschrauberverbindungen. Die Flugdauer nach Nanortalik beträgt 25 Min., nach Narssaq 10 Min. und nach Narssarssuaq 20 Min. Als Gegensatz zum Helikopterflug bietet sich auch eine Fünf-Tage-Wanderung ab Igaliko an. Informationen hierüber sind erhältlich beim Fremdenverkehrsverein Qaqortoq beim Dänischen Wanderverein in Kopenhagen (S. 202) oder in der Fjeldstation Narssarssuaq. (Öffnungszeiten des Fremdenverkehrsbüros: 1. Juli bis 15. September montags bis freitags von 9 bis 12 Uhr; vom 16. September bis 31. Mai dienstags und freitags von 9 bis 12 Uhr. Unter der Telefonnummer 3 84 44 sind Anfragen auch außerhalb der Öffnungszeiten möglich.)

Ausflüge
Zur Wikingerruine von Hvalsey
Etwa 20 km nordöstlich von Qaqortoq auf der gleichen Halbinsel

Die Ruinen der Wikingerkirche von Hvalsey

befindet sich die Kirchenruine von Hvalsey. Sie ist das besterhaltene Bauwerk der Wikingerzeit. Die Abmessungen des romanischen Gotteshauses betragen 16 auf 8 m, die 1,5 m dicken Mauern wurden aus Feldsteinen errichtet und haben eine maximale Höhe von 5,5 m. Aus dieser Kirche stammt das letzte Lebenszeichen der später spurlos verschwundenen Wikingerkolonie: das Aufgebot einer Trauung aus dem Jahre 1408. Der zweistündige Ausflug kann vom Hotel oder vom Fremdenverkehrsbüro organisiert werden. Der Besuch von Hvalsey ist auch als Abstecher der Wanderung von Igaliko nach Qaqortoq möglich.

Zur Schafzuchtstation Upernaviarssuk
Nur ca. 10 km mit dem Boot sind es zur Schafzuchtstation von Upernaviarssuk, am äußersten Zipfel einer 20 km langen Halbinsel. Neben der Züchtung kräftiger Schafrassen bemüht man sich auch um den Anbau widerstandsfähiger Gemüsearten.

Zwischen Qaqortoq und Nanortalik

Zwischen Qaqortoq und Nanortalik verkehrt mehrmals wöchentlich ein Hubschrauber, der die Strecke in 25 Min. zurücklegt. Einmal pro Woche läuft auch eines der Küstenschiffe Nanortalik nach 6stündiger Fahrt an. Die zweifellos interessanteste, wenn auch mit 12 Std. längste Transportmöglichkeit bietet das Bezirksschiff, das sämtliche auf dem Weg liegenden Ortschaften anläuft. Die Fahrt durch das Inselgewirr vermittelt einen guten Überblick über diesen Landesteil.
Nach ca. zwei Stunden ist als erste Station **Eqalugarssuit** erreicht. Diese kleine Fischersiedlung (160 Einw.) liegt auf der Südseite der Insel **Kangeq**. Von der mit 454 m höchsten Erhebung hat man nach kurzer Wanderung einen schönen Blick über die vorgelagerten Inseln. Im Ort kann nur im eigenen Zelt übernachtet werden. An der Südostseite der Insel befindet sich die verlassene Siedlung Sarfarmiut. Wenige 100 m nördlich davon liegen sogenannte Eskimoruinen, Überreste von Stein- oder Torfhütten, von denen meist nur noch die Grundlinien zu sehen sind. Man nennt diese Relikte »Eskimoruinen«, weil sie noch aus der Zeit vor dem ersten Kontakt mit den Europäern stammen, aus deren Vermischung mit den Eskimos die Grönländer ja erst entstanden sind. Schiffsverbindungen nach Eqalugarssuit gibt es 2 bis 3mal pro Woche. Nach kurzer Fahrt über den auslaufenden Fjord erreicht das Schiff

45 Min. später **Sardloq**. Diese kleine Inselsiedlung mit 110 Einwohnern liegt weit ins Meer hinausgeschoben, ungeschützt trotzen die bunten Holzhäuschen Wind und Wetter inmitten kleiner und kleinster Inselchen. Sardloq selbst liegt nur 70 m über dem Meer und bietet kaum Aufenthaltsmöglichkeiten.

Ca. 1 ½ Stunden dauert die Weiterfahrt nach **Sydprøven** (Alluitsup Pa). Die Siedlung hat 560 Einwohner und zählt damit bereits zu den größeren Orten Grönlands. Sydprøven mit seinem Naturhafen liegt am Eingang zum **Lichtenau-Fjord** und verzeichnet auf Kosten anderer Orte ein ständiges Einwohnerwachstum. Trotz moderner Bautätigkeit hat der Ort viel von seiner grönländischen Eigentümlichkeit bewahrt, und nicht nur zur Schau hängt an manchen der farbenfrohen Holzhäuser der zum Einsatz bereite Kajak. Mehr als in den beiden vorherigen Siedlungen lohnt Sydprøven einen mehrtägigen Aufenthalt. (Dies kann allerdings für den Nichtcamper schwierig werden, falls es ihm nicht gelingt, schon vorher, etwa über das Gemeindeamt, ein Privatquartier zu finden.) Als Zeltplatz eignen sich die Ufer der Seen außerhalb der Stadt.

Wanderung von Sydprøven nach Lichtenau
Etwa 2 Stunden nimmt eine Wanderung entlang des Fjordes nach Lichtenau in Anspruch, wo 1814 Samuel Kleinschmidt, der Erforscher und Systematiker der grönländischen Sprache, geboren wurde (S. 64). Ganze fünf Menschen (1960 waren es noch 114) leben noch in dieser ehemaligen Missionsstation der Herrnhuter, die heute *Alluitsoq* heißt. Rund um die langsam verfallenden Häuser weiden Schafe, und nur die weißen Holzkreuze auf dem Friedhof halten noch die Erinnerung an die ehemalige Bedeutung Lichtenaus wach, das von 1774 an für über ein Jahrhundert das Zentrum der südgrönländischen Mission war. Auf einem anderen Friedhof nahe am Fjord sieht man die für das alte Grönland typischen steingedeckten Grabhügel – die Toten unter der Erde zu bestatten, war früher häufig vom Klima her nicht möglich. Auf dem Rückweg nach Sydprøven führt ein kleiner Umweg an den Eskimoruinen bei Zakariashavn vorbei.

Die heißen Quellen von Unartoq
12 km östlich von Sydprøven erreicht man mit dem Boot die heißen Quellen von Unartoq. Die Wassertemperatur beträgt konstant 36°C,

Wanderungen in Grönland erfordern eine gute Kondition

und wenn beim herrlichen Bad in einem natürlich geformten, kreisrunden Becken wenige Meter weiter die Eisberge vorbeitreiben, verschwindet leicht das Gefühl für Traum und Wirklichkeit. Das Quellwasser wird durch einen unterirdischen Ausgleich ständig erneuert. Man nimmt an, daß draußen im Fjord noch weitere heiße Quellen direkt ins Meer münden. Auch die alten Eskimos fanden wahrscheinlich schon an dieser Quelle Entspannung; darauf deuten jedenfalls die Ruinen der Wintersiedlung Igpik hin, die man am Nordzipfel der Insel Unartoq gefunden hat.

Weitere Ausflüge
Der Wanderer sei noch auf die Möglichkeit einer einwöchigen Wanderung von Sydprøven entlang dem **Lichtenau-Fjord** durch das **Vatnaverfi-Gebiet** nach **Søndre Igaliko** hingewiesen, bei der Proviant und Zelt mitzuführen sind. Über Programme und verschiedene Varianten der Strecke, wie etwa entlang **Qorlortorsuaq**, dem mit 75 m höchsten Wasserfall Grönlands am Ende des Lichtenau-Fjordes, gibt der Dänische Wanderverein Auskunft.

Fährt man mit dem Schiff von Sydprøven aus weiter, so ist die 150-Seelen-Gemeinde **Sletten** die nächste Station. Dann passiert man die steil aufragende Insel **Sermersoq**, deren karge Felsen Höhen von 1276 m erreichen, und das **Kap Egede**, bis schließlich Nanortalik, die südlichste Stadt Grönlands, erreicht ist.

Nanortalik

Die bereits 1797 gegründete Stadt Nanortalik ist seit 1950 selbständige Gemeinde. Für die 1500 Einwohner bringt die exponierte Lage ihrer Stadt im Süden Grönlands nicht nur Vorteile mit sich: Nanortalik liegt nämlich weit in den Atlantik hineingeschoben an einem Südostzipfel der gleichnamigen Insel und damit an einer für den Schiffsverkehr ungünstigen Stelle. Das Treibeis der Ostküste wird im Sommer um das Südkap herum vor die Stadt getrieben und blockiert dann den Hafen. Ein Vorteil dieser Lage ist aber, daß die Stadt reiche Fisch- und Jagdgründe direkt vor der Haustür hat. Besonders im Mai und Juni, wenn die Robben an der Küste entlang nach Norden ziehen, herrscht reger Betrieb. Überall werden dann die Robben auf den Felsen zerlegt, und

Im Hafen von Nanortalik

»Knud Rasmussen-Fels« in Nanortalik

die von der Haut abgeschabten Speckschichten zerlaufen in der Sonne. Man kann zusehen, wie die gewaschenen Häute auf Holzrahmen gespannt und die tiefroten Fleischstreifen an Schnüren aufgereiht werden, um vor den Hütten zu trocknen. Vergessen scheinen während dieser Zeit die Errungenschaften der Neuzeit, und die Produktion der Fischfabrik geht mangels arbeitswilliger Kräfte merklich zurück.
Aber auch in den übrigen Jahreszeiten bietet sich Nanortalik für einen Aufenthalt an. Der Ort verfügt über ein Fremdenverkehrsbüro, eine Niederlassung des KNI sowie drei Hotels und wird mehrmals in der Woche von Schiffen angelaufen und durch Helikopter versorgt. Wer gleichgesinnte Rücksackwanderer treffen will, findet im alten Teil der Stadt eine Jugendherberge, wo man für einen günstigen Preis den Schlafsack ausrollen und auf dem Kocher seine Mahlzeit zubereiten kann. Am Südende der Stadt liegt ein kleiner See, ideal um das Zelt aufzuschlagen.
Unbedingt einen Besuch wert ist das Museum im alten Stadtteil und

der Fremdenverkehrsverein, der im Sommer außergewöhnliche Touren, z.B. Ostküstenfahrt, Robbenjagd, Angelfahrten, Bergsteigen, Fotoausflüge, organisiert. Diese Stelle vermittelt auch Boote zur Erkundung der näheren Umgebung und ist bei der Planung eigener Unternehmen behilflich.
Noch liegen die selbstgebauten, maßgeschneiderten Kajaks auf Holzgestellen am Hafen, wo auch der tägliche Fischmarkt abgehalten wird. Sollten sich unter dem Angebot große tiefrote Fleischberge befinden, so stammen sie von einem vor der Stadt erlegten Wal. Eine Kostprobe lohnt sich: Walfleisch schmeckt vorzüglich und läßt sich entweder wie ein Steak zubereiten oder auf einer heißen Steinplatte über dem Feuer garen. (s. auch »Speisen und Getränke«, S. 191)
Manchem Besucher wird in Nanortalik vielleicht das Stadtwappen mit den drei Eisbären auffallen, das auf die Übersetzung des grönländischen Namens anspielt: Nanortalik bedeutet nichts anderes als »Bärenort«. Jedes Jahr werden zwischen dem Südkap und der Stadt mehrere Eisbären gesichtet, die auf Eisschollen 2000 km an der Ostküste entlanggetrieben wurden und dann hungrig in die Schafherden einbrechen. Um größere Schäden zu verhüten, müssen diese Tiere geschossen werden.
Vom Koloniehafen aus kann man eine schöne Wanderung zur höchsten Erhebung der Insel unternehmen, die 559 m über dem Meer liegt. Die Stadt wirkt von hier aus spielzeughaft klein, und der Blick schweift von den schroffen Bergketten im Osten weit hinaus auf das Meer, wo majestätisch das Großeis vorbeizieht. Auf dem Rückweg sollte man nicht versäumen, dem Wahrzeichen der Stadt einen Besuch abzustatten: Die Natur verlieh einem massiven Felsblock die Gesichtszüge des Grönlandforschers Knud Rasmussen.

Ausflüge
Die vorgelagerten Inseln
Ein interessanter Ausflug führt von Nanortalik zu den der Stadt vorgelagerten Inseln mit ihren großen Vogelkolonien. Die Grönländer haben auf vielen dieser Eilande Sommerfangplätze eingerichtet, die an besonders ertragreichen Jagdgegenden zu sehen sind. Da sie vor Wind und Wetter ungeschützt sind, können sie nur während der warmen Jahreszeit benutzt werden. Auf Iglukosik (S. 119) vermitteln kleine Erdhütten einen hervorragenden Eindruck der einstigen Lebensbedin-

gungen. Zur Jagdsaison im Frühjahr leben auch heute viele Familien für mehrere Wochen in den alten Hütten oder in Zelten und ersparen sich so den täglichen Rückweg nach Nanortalik.

Die Insel Amitsoq
Mit dem Boot gelangt man zu der 20 km nordöstlich gelegenen langgestreckten Insel Amitsoq. An ihrer Südspitze befindet sich der Eingang zu den heute nicht mehr benutzten Graphitgruben. Die über 100 m langen Stollen sind feucht und ungesichert, so daß ständig mit herabfallendem Gestein gerechnet werden muß. Dieser etwas unheimliche Ort hat zu zahlreichen Sagen inspiriert, die sich die Menschen der Umgebung erzählen.

Tasiussaq
Ca. 30 km nordöstlich von Nanortalik, am Eingang des Tasermiut-Fjordes (S. 117), liegt Tasiussaq. Das saubere, inmitten grüner Wiesen gelegene 120-Seelen-Dorf mit bunten kleinen Holzhäuschen hat sich viele Eigenarten einer abgelegenen Gemeinschaft von Fischern und Jägern bewahrt, selbst die Gesichter der Menschen sind hier eskimoischer als in den meisten anderen Orten Südgrönlands. Ein Lebensmittelgeschäft und ein KNI-Büro mit dem einzigen Telefon des Ortes befinden sich am kleinen Hafen bei der Fischfabrik. Übernachtungsmöglichkeit bietet nur das eigene Zelt. Schiffsverbindung besteht einmal pro Woche mit dem Versorgungsschiff ab Nanortalik.
Tasiussaq ist Ausgangspunkt für eine Wanderung ins **Qinguadalen** das grünste Tal der »grünen Insel« Grönland. Der erste Teil des Weges führt an der Südseite des **Sees Taserssuaq** entlang, der für seine Lachse berühmt ist. Mit etwas Glück kann man die Anfangsstrecke auch per Fischerboot zurücklegen. Am Ende des Sees gabeln sich an einer 1500 m hohen Bergspitze zwei Täler, wovon das nordöstliche das Qinguadalen ist. Die Wanderung durch das Tal ist teilweise sehr beschwerlich, denn die bis zu 8 m hohen Birken wachsen wild durcheinander, und es gibt weder Weg noch Steg über die zahlreichen links und rechts zu Tal stürzenden Bäche. Diese Wildheit und Unberührtheit macht aber gerade das Besondere dieses Tales aus. Im oberen Teil, wo die Umgebung rauher und kahler wird, versperrt ein Gewirr von Felsbrocken den geraden Weg. Am sichersten umgeht man die Steinblöcke, die immerhin die Größe eines vierstöckigen Wohnhauses erreichen,

Am oberen Ende des Tasermiut-Fjords

auf der südöstlichen Seite. Nach kurzer Suche entdeckt man hier auch zwei Seen, deren Wasser so klar ist, daß man bei Windstille und ruhiger Oberfläche den Eindruck gewinnen kann, sie seien leer.

Vor der Wanderung, die in vollem Umfang 5–8 Tage in Anspruch nimmt, sollte man sich in Nanortalik oder Tasiussaq genau nach dem besten Weg erkundigen, denn von Jahr zu Jahr können Lawinen und Gletscherabbrüche die Gegebenheiten beeinflussen. Auch der Dänische Wanderverein bietet im Sommer mehrere Wanderungen in diese Gegend an.

Der Tasermiut-Fjord

Ein unvergeßliches Erlebnis bringt die Fahrt in den 75 km langen Tasermiut-Fjord. Je tiefer das Boot in den Fjord eindringt, desto enger treten die Felswände zusammen und desto steiler ragen die Gipfel in den Himmel. Die höchsten Spitzen der steinernen Giganten erreichen wenige hundert Meter vom Wasserspiegel des Fjords entfernt bereits eine Höhe von 2000 m. Am Ende des Fjordes ergießt sich aus 1200 m ein gewaltiger Eisfall bis herab ins Wasser. Seine glitzernde Masse stammt von einem Gletscher, der sich hier gleich einem Wasserfall in die Tiefe stürzt. Betrachtet man die zerfurchte Oberfläche vom schwankenden Boot aus, so glaubt man eine Bewegung zum Meer hin zu erkennen. Das Schiff muß bei diesem Ausflug stets in sicherer Distanz verweilen, da ständig mit abbrechenden Eismassen zu rechnen ist. Dieser abenteuerliche Ausflug nimmt einen vollen Tag in Anspruch und muß vom Besucher selbständig organisiert werden. Die Hotels und das KNI-Büro in Nanortalik sind bei der Vermittlung geeigneter Boote behilflich.

Wanderung ins Uiluitkua-Tal
Fast am Ende des Tasermiut-Fjordes ist auch der Ausgangspunkt einer erlebnisreichen Wanderung, die in ihrem vollen Umfang von ca. einer Woche der zuvor beschriebenen Wanderung ins Qinguadalen entgegenläuft, und in Tasuissaq endet. Sie beginnt bei der markanten 2000 m hohen Felswand des Uiluit qaqa und führt auf der linken Seite des Flusses das Uiluitkua-Tal hinauf. Hier befand sich zur Nordländerzeit ein Kloster, dessen Grundlinien noch zu sehen sind. Der erste Teil des Weges führt etwas mühsam durch dichtes Gestrüpp, so daß man sich am besten dicht am Fluß hält. Nach etwa einem halben Tag erreicht man einen östlich gelegenen Bergpaß, von dessen Sattel der Blick weit hinüber zu einem nördlich von Augpilagtoq gelegenen Fjord reicht. Der Wanderer erreicht diesen Fjord nach zwei bis drei weiteren Tagesmärschen. Unten am Meeresarm angekommen, geht es ein nordwestlich gelegenes Tal steil bergauf. Einen Weg als solchen gibt es auch hier nicht. Man sucht sich den vermeintlich besten selbst. Ein weiterer Bergpaß mit einem bis spät in den Sommer gefrorenen See führt ins nördliche Ende des Qinguadalen (S. 116). Es ist unbedingt notwendig, sich den genauen Verlauf der Wanderung auf einer guten Karte erklären zu lassen. Besonders der Rücktransport von Tasuissaq nach Nanortalik (einmal pro Woche mit dem Bezirksschiff) sollte mit dem Ende der Wanderung koordiniert werden. Falls es damit aus irgendeinem Grund nicht klappt, wird sich in Tasuissaq ein Fischerboot für die Fahrt nach Nanortalik auftreiben lassen (gegebenenfalls durch telefonische Vermittlung des Fremdenverkehrsvereins in Nanortalik).

Mit dem Bezirksschiff in die südlich gelegenen Orte
Zweimal in der Woche gelangt man mit dem Bezirksschiff nach Narssaq Kujatdleq (Frederiksdal) und Augpilagtoq, den südlichsten

bewohnten Orten Grönlands. Die Gegend um die einstige Herrnhuter Missionsstation **Frederiksdal**, die 1824 von dem deutschen Missionar Konrad Kleinschmidt (dem Vater Samuel Kleinschmidts) gegründet worden war, ist reich an Relikten aus der Nordländerzeit, wie etwa die Wikingersiedlung *Herjolfsnes* beweist. Ausgrabungen brachten dort zahlreiche Funde aus dem Alltagsleben der Menschen des Mittelalters zutage, die heute im Nationalmuseum von Kopenhagen zu bewundern sind. Unter den Funden waren 500 Jahre alte, fast vollständig erhaltene Kleidungsstücke der Nordländer, die es ermöglichten, Rückschlüsse auf das Leben der damaligen Zeit zu ziehen. Herjolfsnes war für die Nordländer letzte Station (oder erste) auf der schwierigen Seestrecke nach Island.

Südlich der 200 Einwohner zählenden Gemeinde ragt das **Kap Farvel** als südlichster Punkt Grönlands zerklüftet in den Atlantik hinaus. Der Name stammt von dem britischen Seefahrer Sir Martin Frobisher (S. 29), der wegen Treibeis nicht an Land gehen konnte und daher der unbekannten Küste Lebewohl (engl.: Farewell) sagen mußte. Die Grönländer bezeichneten den südlichsten Punkt in kaum zu überbietender Genauigkeit als *nunap isua* – »Ende des Landes«. Auch **Augpilagtoq** mit seinen 200 Einwohnern hat eine natürliche Sehenswürdigkeit: Der **Prins Christians Sund** führt als schmaler, von schroffen Bergketten flankierter Kanal zur Ostküste hinüber, und besonders kleinere Schiffe ziehen diese geschützte Passage dem Weg um das Kap Farvel vor.

Da weder in Augpilagtoq noch in Fredriksdal für den Nichtcamper Unterkünfte vorhanden sind, besteht neben einem reinen Schiffsausflug in beide Siedlungen auch folgende Möglichkeit: Man geht in Frederiksdal an Land und hat mehrere Stunden Zeit, die Gegend zu erwandern und Eindrücke zu sammeln, ehe auf dem Rückweg von Augpilagtoq das Bezirksschiff wieder einläuft und den Besucher am Abend nach Nanortalik zurückbringt. Unterwegs passiert das Schiff **Iglukosik** (das verrückte Haus) eine Jagdgemeinde, die nur in den Sommermonaten hier lebt. Alle Behausungen, bis auf eine, bestehen nur aus traditionellen Torfhütten. Auf allen Unternehmen ist die reichliche Mitnahme von Insektenschutzmitteln anzuraten, denn in den windgeschützten Fjorden können die fliegenden Plagegeister in unglaublichen Wolken auftreten.

Vom Süden in die Landeshauptstadt Nuuk (Godthåb)

Verkehrsmöglichkeiten
Nuuk, die Hauptstadt Grönlands, liegt etwa 600 km nördlich von Nanortalik. Das Küstenschiff bewältigt diese Strecke in eineinhalb Tagen, der Hubschrauber in dreieinhalb Stunden. Mit Ausnahme von Pamiut (Frederikshåb) gibt es an dieser Strecke nur kleinere Siedlungen, die für einen längeren Aufenthalt ungeeignet sind, da sie wenig »Hinterland« bieten und verkehrstechnisch ungünstig gelegen sind.
Von Nanortalik aus passiert das Schiff etwa auf halbem Weg in Richtung Pamiut den Ort **Ivigtut** (»das Grasreiche«), der durch ein großes Kryolithlager bekannt wurde, einem Mineral, das bei der Herstellung von Milchglas, Emaille und Aluminium Verwendung findet. Nach rund 100jähriger Nutzung sind die Vorkommen erschöpft, und nur

Tupilaq aus Speckstein
von Jeremias Thorsen
aus Pamiut

das im Tagebau entstandene Riesenloch erinnert noch an die jährliche Spitzenproduktion von 40 000 t. Die Einwohnerzahl Ivigtuts ist wegen der Aufgabe der Kryolithförderung auf einige wenige Menschen zurückgegangen, und daß die großen Zeiten vorbei sind, zeigt sich auch daran, daß die Küstenschiffe die Ortschaft nicht mehr anlaufen. Nur wenige Kilometer von Ivigtut entfernt und mit dieser durch die einzige Landstraße Grönlands verbunden, liegt die Marinestation **Grønnedal**. Grønnedal ist Sitz des dänischen Grönlandkommandos, einer Schutztruppe, deren Hauptaufgabe darin besteht, die Fischereischutzbestimmungen zu überwachen.

Nach 18 bis 24 Std. Fahrzeit von Ivigtut aus läuft das Schiff in den Naturhafen von Pamiut ein.

Pamiut (*Frederikshåb*)

Die Stadt Pamiut wurde 1724 gegründet und entwickelte sich aufgrund des Fischreichtums ihrer Gewässer schnell zu einem der größeren Orte Grönlands. Die meisten der 2300 Einwohner wohnen in modernen mehrstöckigen Häusern, die in ihrer strengen Anordnung und Monotonie in krassem Gegensatz zu den bunten Holzhäuschen stehen. Am Ende des Naturhafens liegt der Fischmarkt mit einem, wie es der Stadt gebührt, reichhaltigen Angebot. Rechts vom Fischmarkt befindet sich ein großer KNI-Supermarkt, in dem zuweilen auch die Arbeiten in Pamiut ansässiger Künstler erworben werden können. (Die Söhne des bekanntesten, inzwischen verstorbenen Specksteinschneiders Anthon Thorsen freuen sich über einen Besuch fremder Gäste.) Sehenswert ist auch die alte Holzkirche gegenüber dem Hafenbecken. Das Haus des ehemaligen Kolonialverwalters ist heute Hauptsitz des KNI. Pamiut hat kein eigenes Fremdenverkehrsbüro; die Angestellten des einzigen Hotels, die KNI-Vertretung sowie das Gemeindebüro sind jedoch mit Auskünften behilflich.

Am Nordrand der Stadt erstreckt sich die breite Gletscherzunge des **Frederikshåb Isblink**. Auch der grönländische Name der Stadt Pamiut: die Bevölkerung an der Mündung- deutet auf die Nachbarschaft dieses allerdings immer mehr zurückgehenden Gletschers hin, der auf der Weiterfahrt nach Norden noch lange sichtbar bleibt. Nach 12stündiger Fahrt oder 75minütigem Flug über die wilde zerklüftete Küste mit ihren schneebedeckten Gipfeln ist dann die Hauptstadt Nuuk erreicht.

Nuuk (Godthåb)

Lage und Geschichte
Nuuk, die Hauptstadt Grönlands, liegt am Eingang des gleichnamigen Fjordes, weiträumig erbaut auf einer Landzunge. Nichts anderes bedeutet auch der grönländische Name der Stadt: Nuuk = Landzunge. Im Jahre 1721 kam der norwegisch-dänische Missionar Hans Egede (S. 28) in diese Gegend der Insel, um die Nachkommen der normannischen Siedler zu suchen. Diese waren jedoch spurlos aus dem Godthåb-Fjord verschwunden, ja sogar in ganz Grönland fand sich von ihnen kein Lebenszeichen mehr. Egede lebte, anfangs tief enttäuscht, auf einer der kleinen Inseln des Küstenstreifens, die Habets Ø,

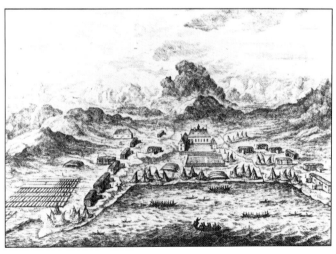

Ansicht von Neu-Herrnhut im 18. Jahrhundert

Winteralltag in Grönlands Hauptstadt

Inseln der Hoffnung, genannt werden. Er erlernte die Sprache der Eskimos studierte ihre Lebensgewohnheiten und zog schließlich 1728 auf die seiner Insel gegenüberliegende Landzunge. In seinem Haus, dem ältesten der Stadt, wohnt heute der Vorsitzende der Selbstverwaltungsregierung. Bereits 1731 wurde in Nuuk eine Missionsstation der protestantisch-pietistischen Glaubensgemeinschaft der Herrnhuter Brüdergemeinde eingerichtet. Als sich schließlich 1782 auch der dänische Inspektor für Südgrönland in der *Godthåb* (gute Hoffnung) genannten Stadt niederließ, war sie endgültig als Hauptstadt anerkannt. In den Folgejahren setzte ein immer stärker werdender Bevölkerungszustrom aus den umliegenden Ortschaften ein. Während um die Jahrhundertwende erst ca. 300 Menschen in der Stadt lebten, waren es 1940 bereits 1000, 1960 rund 3000, und heute sind es fast 12 000 Menschen. Jeder fünfte Grönländer ist damit Bürger der Hauptstadt.
Nuuk ist administratives Zentrum des Landes und Sitz zahlreicher Organisationen und Verbände. Hier laufen alle Fäden dieses weiträumigen Landes zusammen und werden geordnet, hier wird schließlich entschieden, ob im 1700 km entfernten Thule diese oder jene Maß-

Bronzestatue Hans Egedes auf einem Hügel oberhalb von Nuuk

nahme ergriffen werden soll. Nuuk ist eine sehr moderne Stadt, und in immer größerem Umfang weichen die alten Holzhäuser den langgestreckten, mehrstöckigen Wohnblocks. In Block P z.B. wohnen 500 Menschen, was 1% der Gesamtbevölkerung entspricht. Nuuker genießen allen nur möglichen Komfort, und es erscheint fast unglaubwürdig, daß vor nur 40 Jahren fast ausschließlich kleine Torfhütten den Menschen als Unterkunft dienten.

Ein Aufenthalt in der Landeshauptstadt ermöglicht aber nicht nur ein komfortables Leben, sondern führt dem Besucher auch deutlicher als jeder andere Ort des Landes die Schattenseiten dieser schnellen Entwicklung vor Augen. Alte Jäger aus dem Norden und Familien aus abgelegenen Siedlungen wurden im Rahmen der Bevölkerungskonzentration nach Nuuk umgesiedelt. Jeder sollte in den Genuß möglichst vieler Errungenschaften der Zivilisation kommen, aus Gründen der Kostenersparnis allerdings nicht an seinem angestammten Wohnplatz, sondern konzentriert in Städten. So bieten viele Wohnblocks heute ein befremdendes Bild. Am Balkon hängt noch der alte Kajak, das Sinn-

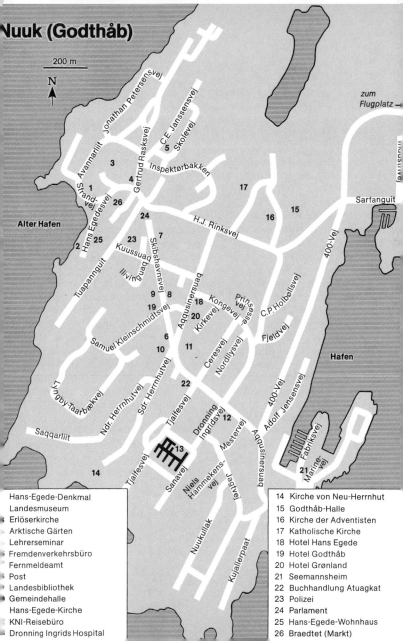

bild der eskimoischen Freiheit, doch oft ist er aufgerissen und von herabgefallenen Gegenständen zerstört, und die Hauswand ist beschmiert vom auslaufenden Fett eines Seehunds. Viele Menschen sind arbeitslos, viele sprechen dem Alkohol stärker zu als ihnen guttut. Diese Probleme sind nicht erst in der Entstehung begriffen, sondern geraten schon fast außer Kontrolle Die Grönländer erhoffen sich nun nach Einführung der Selbstverwaltung eine Verbesserung der Situation, insbesondere ein Ende der Bevölkerungskonzentration, und eine Verschnaufpause zur Rückbesinnung.

Stadtrundgang
Kommt man vom Hafen mit Fischfabrik, Lagerhallen und Schiffswerft, vorbei am **Seemannsheim** (21), in den Stadtkern, so sieht man linker Hand den Baukomplex des **Dronning Ingrids Hospital** (13). Dieses Hauptkrankenhaus für ganz Grönland wurde ursprünglich als Tuberkulosesanatorium erbaut und verfügt, nachdem diese Krankheit nach langer Anstrengung besiegt wurde, über 240 Betten zur allgemeinärztlichen Versorgung. Zwischen Krankenhaus und Meer liegt die alte deutsche **Kirche von Neu-Herrnhut** (14) aus dem Jahre 1733. War hier bis vor wenigen Jahren das Landesmuseum untergebracht, so beherbergt das Gebäude heute die erste grönländische Universität. Kurz hinter der Abzweigung zum Hospital ist die **Buchhandlung Atuagkat** (22), mit der umfangreichsten Buchauswahl über Grönland, die man überhaupt finden kann. Nur ein kleines Stück weiter gelangt man zum **Fremdenverkehrsbüro** (6), das sich neben der **Gemeindehalle** (10), befindet. Auf der gegenüberliegenden Straßenseite sehen wir die **Hans-Egede-Kirche** (11), die 1971, am 250. Jahrestag der Ankunft des »Grönland-Apostels« eingeweiht wurde. Nahe beim Fremdenverkehrsbüro steht der sogenannte **Kleinschmidt-Pfahl** mit einer **Laterne**, die mit einer netten Geschichte verbunden ist. Samuel Kleinschmidt (S. 64) mußte jeden Tag von seinem Haus beim alten Hafen zur Herrnhuter Missionsstation gehen. Da er sich bei Dunkelheit oft nur mit Mühe zurechtfinden konnte, brachte er auf dem Hinweg auf halbem Wege an einem Pfosten eine Sturmlampe an, die ihn dann auf dem Rückweg sicher nach Hause leitete. Die Laterne wird heute elektrisch betrieben. Am Fuß des Pfahls erinnert ein Stein mit einer Bronzetafel in deutsch und dänisch an den »Lehrer und Freund der Grönländer«.

Nun kommt man über den Skibshavnsvej in das Zentrum des modernen Nuuk mit seinen Geschäften, Hotels, Banken und Reisebüros. Rechts liegen **Post** (8) und **Telegrafenamt** (7), links die **Landesbibliothek** (9), und nach Abzweigung in die Kuussuaq und Tuapannguit sind die **Polizei** (23) und der **Sitz des Parlamentes** (24) erreicht.

Hier beginnt der alte Teil der Stadt. Hinter den kunstvoll angelegten **Arktischen Gärten** (4), einer Grünfläche, die mit Blumen des Landes bepflanzt ist, steht der rote Holzbau der **Erlöserkirche** (3) aus dem Jahre 1849. Auf dem nahegelegenen **Friedhof** findet sich das Grab Samuel Kleinschmidts. Links davon auf einem Hügel sieht man die bronzene **Statue Hans Egedes** (1), den Blick über den alten Hafen seiner Stadt hinweg weit aufs Meer hinaus gerichtet. Hier in der Gegend des alten oder sog. Kolonialhafens stehen die ältesten Gebäude der Stadt, allen voran das gelbe, in Stein baute **Wohnhaus Hans Egedes** (25) aus dem Jahr 1728. Dieses älteste Gebäude ganz Grönlands dient heute offiziellen Anlässen.

Ins feste Programm eines auch nur kurzen Aufenthalts sollte ein Besuch des **Landesmuseums** (2) am Ende des Hans Egedesvej gehören. Es enthält eine bemerkenswerte Sammlung von Gegenständen des alten Grönland, darunter verschiedene Jagdgeräte, Kajaks aus den einzelnen Landesteilen, einen Umiak, Schnitzereien, Funde aus der Wikingerzeit, reichverzierte Trachten, Volkskunst sowie interessante alte Fotografien. Betrachtet werden können hier auch die sechs Mumien aus Qilakitsoq, nahe der Stadt Umanaq im Nordwesten Grönlands (S. 166). Die 500 Jahre alten Mumien sind so erstaunlich gut erhalten, daß neben der vollständigen Kleidung sogar Gesichtstätowierungen erkennbar sind. Die einzelnen Kleidungsstücke sind aus verschiedenfarbigen Fellen oder Federn hergestellt, ein hervorragendes Beispiel der hochentwickelten Fertigkeiten der Inuit. Der Besucher erfährt neben der Lebensweise der Menschen um 1450 auch einiges über die Ergebnisse der wissenschaftlichen Arbeiten, die an den Mumien durchgeführt wurden.

Auf dem Rückweg kann man einen Bummel über den **Brædtet** (26), den Fisch- und Fleischmarkt, machen. Unter freiem Himmel bieten hier die Fischer und Jäger Seehund-, Wal- und Rentierfleisch, See- und Landvögel sowie zahlreiche Fischarten zum Kauf an. Eine wahrhaft farbenfrohe Atmosphäre und eine Gelegenheit, das Alltagsleben der Bewohner kennenzulernen.

Im Nordteil der Stadt befindet sich das **Lehrerseminar** (5) in einem schönem Gebäude vom Anfang dieses Jahrhunderts, der Sportplatz, der Hubschrauberlandeplatz, das Funkhaus und die Godthåb-Halle (15). Dahinter führt eine Straße zum 5 km außerhalb gelegenen Flugplatz. Unterwegs kommt man durch den Vorort Nuussuaq, wo in den letzten zehn Jahren ca. 5000 Menschen angesiedelt wurden.

NUUK VON A BIS Z

Auskunft (6)
Nuuk Turistforening, Skibshavnsvej B 19, Tel. 2 27 00; Öffnungszeiten: wochentags 10–16 Uhr, Sa (nur im Sommer) 10–12 Uhr

Autoverleih
Nuuk Auto, Tel. 2 22 30

Bibliothek (9)
Grönländische Landesbibliothek, Skibshavnsvej, Tel. 2 11 56; Öffnungszeiten: wochentags 12–20 Uhr, Mi 10–20 Uhr, Sa 10–14 Uhr

Banken
Grønlandsbanken, Skibshavnsvej 29, Tel. 2 13 80, Fax 2 30 32; Öffnungszeiten: Mo–Fr 9–15 Uhr, Do auch 16–18 Uhr
Nuna-Bank, Torvet, Tel. 2 13 60; Öffnungszeiten: Mo–Fr 9–15 Uhr, Do auch 16–18 Uhr

Buchhandlungen
Grönlands größte Buchhandlung, »Atuagkat« (22), befindet sich an der Ecke Tjalfesvej/Aqqusinersuaq, Tel. 2 13 37, Fax 2 33 78
Nuuk Boghandel, Kongevej (Nähe Hotel Grønland), Tel. 2 18 30

Bus
Aqqusinersuaq, Tel. 2 30 07. Das Fremdenverkehrsbüro gibt über die Fahrzeiten Auskunft

Camping
Da es keinen offiziellen Campingplatz gibt, läßt man sich am besten vom Gemeindebüro oder dem Fremdenverkehrsamt einen Platz anweisen. Außerhalb der Stadt, etwa in den Bergen hinter dem Flughafen, bereitet die Zeltplatzfrage kein Problem

Flüge
Tägliche Verbindungen nach Søndre Strømfjord sowie mehrmals wöchentlich nach den Orten der Westküste. Ein Großflughafen für Direktflüge ab Dänemark ist geplant. Einmal in der Woche besteht auch eine Flugverbindung nach Frobisher Bay (Kanada) und von dort aus weiter nach Montreal (Fluggesellschaft First Air, Anschrift S. 204)
Grønlandsfly, Børnehjemsvej, Tel. 2 44 88; Fluginformation Tel. 2 32 88

Geschäfte für grönländisches Kunsthandwerk
Arktis, H.J. Rinksvej, Tel. 2 49 44
Frauenvereinigung, Frauenhaus Kongevej, Tel. 2 14 35
KNI-Möbelhaus, Skibshavnsvej, Tel. 2 11 23
Ole's Varehus, Skibshavnsvej, Tel. 2 12 64

Geschäftszeiten
Mo–Do 10–17.30 Uhr, Fr 10–18 Uhr, Sa 9–13 Uhr

Gottesdienste
Erlöserkirche (3), Ballesvej, Tel. 2 16 49
Hans-Egede-Kirche (11), Kirkevej, Tel. 2 18 09
Katholische Kirche (17), Børnehjemsvej, Tel. 2 12 75
Kirche der Adventisten (16), Vandsøvej, Tel. 2 25 20
Die Anfangszeiten der Gottesdienste stehen in der Lokalzeitung.

Hotels
Hotel Hans Egede (18), Aqqusinersuaq, Tel. 2 42 22
Hotel Gothåb (19), Skibshavnsvej, Tel. 2 11 05
Hotel Grønland (20), Aqqusinersuaq, Tel. 2 15 33
Seemannsheim (21), am Hafen, Tel. 2 10 29
Hotel Qoorqut, am Godthåb-Fjord (S. 135), Tel. 2 15 20

Krankenhaus (13)
Dronning Ingrids Hospital, Dronning Ingridsvej, Tel. 2 11 01 und 2 12 11; Apotheke geöffnet werktags 9–16 Uhr

Museum (2)
Hans Egedesvej, Tel. 2 16 11; Öffnungszeiten: im Sommer täglich außer Sa 13–16 Uhr, im Winter Mi, Do, Fr, So 13–16 Uhr

Post (8)
Skibshavnsvej, Tel. 2 52 11; geöffnet Mo–Fr 9–15, Do 9–17 Uhr

Reisebüros
KNI-Reisebüro (12), Aqqusinersuaq, Tel. 2 12 05; Öffnungszeiten: Mo–Fr 9–15 Uhr
Grønlands Rejsebureau, Skibshavnsvej 31, Tel. 2 44 55

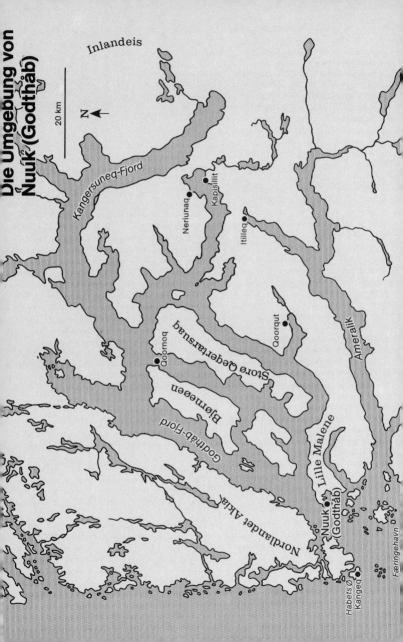

Restaurants
Sky Top (Hotel Hans Egede) (18), Aqqusinersuaq, Tel. 2 42 22
Hotel Godthåb (19), Skibshavnsvej, Tel. 2 11 05
Hotel Grønland (20), Aqqusinersuaq, Tel. 2 15 33
Kristinemut, Aqqusinersuaq, Tel. 2 12 40
Radiofjeldets Cafeteria, Samuel Kleinschmidtsvej, Tel. 2 35 35
Seemannsheim (21), Tel. 2 10 29
Spisekrogen (Brugsen Supermarkt), Tel. 2 11 22

Taxi
Mini Taxi, Tel. 2 18 18
Taxa, Tel. 2 22 22

Telefon und Telegramm (7)
Die Niederlassung der Grönländischen Telefongesellschaft GTO liegt im Skibshavnsvej, Tel. 2 12 55; Öffnungszeiten: werktags 9–16 Uhr
Telegramme können auch unter der Nummer 00 22 aufgegeben werden

Zahnarzt
Öffentliche Klinik Tel. 2 10 80
Private Zahnklinik, Tel. 2 31 62

Ausflüge
Wanderungen nahe Nuuk
Nicht weit hinter Nuuk befindet sich ein schönes Wandergebiet, und wer nur kurz auf Grönland bleibt und daher sonst keine Gelegenheit zu einer Wanderung findet, sollte unbedingt hier losmarschieren.
Man fährt am besten mit dem Bus raus zum Flughafen und sieht hinter der Startbahn den 430 m hohen Berg Lille Malene, das Ziel der Wanderung. Entweder man steigt gleich hinter dem Flughafengebäude steil bergauf oder man wandert zunächst fast an den Fjord hinab und findet durch ein Tal den Weg zum Gipfel. Bei Zweifeln bezüglich des Weges (es gibt keine Markierungen) fragt man am besten das Flughafenpersonal oder den Busfahrer. Erst einmal oben angekommen, sieht man unten zum Kobbefjord hin einen See und dahinter noch einen hohen Berg, den Store Malene, zu dem man mühelos hinüberwandern kann. Vom Gipfel wird man mit einem prächtigen Blick auf Fjord und Umgebung belohnt. Zurück nach Nuuk kommt man am leichtesten, indem man zuerst hinunter zum See und dann durch ein Tal mit Blick

auf Nuuk bis zum Meer wandert. Dann folgt man immer der Küste bis zu einer Straße, die das letzte Stück in die Stadt hinein führt. Dieser Ausflug ist eine volle Tageswanderung.

Die Habets Ø
Ca. 20 km südwestlich von Nuuk liegen vor der Südspitze der Halbinsel **Nordlandet Akia** die Habets Ø, die Inseln der Hoffnung. Hier wohnte Hans Egede mit seiner 46 Personen umfassenden Gruppe während der ersten sieben Jahre nach seiner Ankunft, ehe er 1728 nach Nuuk übersiedelte. Reste der Wohnhäuser dieser frühen Kolonie wurden in den siebziger Jahren von dänischen Archäologen freigelegt. Auf der Fahrt zu den Habets Ø passiert man neben zahlreichen kleinen Inseln auch die aufgegebene Siedlung **Kangeq**, wo bis 1970 noch rund 90 Menschen lebten. Heute kann man in Kangeq Brutplätze zahlreicher Vogelarten beobachten. Ausflüge werden entweder durch die Hotels oder durch das Fremdenverkehrsbüro organisiert. Es ist auch möglich, ein Boot mit Steuermann zu mieten.

Færingehavn
Færingehavn, 50 km südlich von Nuuk gelegen, wurde zu Beginn dieses Jahrhunderts von Fischern der Färöer-Inseln gegründet, einer Insel-

In Qeqertarsuatsiaat

Die Herrnhuter-Kolonie Lichtenfels im 19. Jahrhundert

gruppe im Dreieck Island-Schottland-Norwegen, die wie Grönland zu Dänemark gehört. Nachdem der Fischereibetrieb aufgegeben wurde, baute man 1977 eines der verlassenen Häuser zu einem Hotel um. Die Umgebung hat hervorragende Angelplätze, und vor der Haustür beginnen herrliche ruhige Wanderwege in die einsame Natur. Die Bootsfahrt nach Færingehavn dauert ca. zweieinhalb Stunden und wird in Verbindung mit der Hotelbuchung arrangiert. Reservierungen nimmt auch das Hotel »Godthâb« in Nuuk entgegen.

Qeqertarsuatsiaat (Fiskenæsset)
Die Siedlung Qeqertarsuatsiaat liegt ca. 150 km südlich von Nuuk in einem sehr fischreichen Gebiet. Die 300 Einwohner betreiben eine eigene kleine Fischfabrik und trocknen einen Großteil des Fanges auf langen Holzgestellreihen. Wer mit dem Bezirksschiff fährt, sollte sich nach der Rückfahrtszeit (am selben Tag!) erkundigen, da es schwierig sein wird, eine Übernachtungsmöglichkeit zu finden. Mit Zelt wie immer kein Problem. In der Nähe, bei Akunnat, lag die einstige Missionsstation *Lichtenfels*, an der Samuel Kleinschmidt von 1846 bis 1848 wirkte.

Der Godthåb-Fjord
Zweifellos ist der Godthåb-Fjord eine der schönsten Gegenden Grönlands. Ragen an manchen Stellen die Felsen steil und kahl aus dem Wasser, so blühen anderenorts auf weichen, sanft ansteigenden Wiesen unzählige Blumen. Das Klima im Inneren des Fjordes ist mild, die Täler liegen windgeschützt, weit vom Meer entfernt, so daß Tagestemperaturen von 25°C hier keine Seltenheit sind. Der Fjord ist wie die Gebirgsbäche sehr fischreich. Im Inneren des Fjords kalben drei Gletscherzungen ständig neue Eisberge, die der landschaftlichen Schönheit noch einen zusätzlichen Reiz verleihen. Von neun Siedlungen, die 1960 innerhalb des Fjord-Systems bestanden, sind heute nur noch drei bewohnt. Die größte dieser Siedlungen, **Kapisillit**, hat 140 Einwohner und liegt ca. 100 km nordöstlich von Nuuk, tief im Ende des Godthåb-Fjordes. Der Name Kapisillit bedeutet Lachs und bezieht sich auf einen nahegelegenen Fluß, wo man nach Erwerb eines Angelscheins sein Glück mit 10 kg schweren Lachsen ausprobieren kann. Die Bewohner des idyllisch gelegenen Ortes betreiben neben dem Fischfang eine Rentierzuchtstation. Leider gibt es außer dem eigenen Zelt keine Unterkunftsmöglichkeit, und so kommt auch nur für den Camper eine längere Wanderung in Betracht. Am schönsten ist wohl der Weg über eine schmale Landzunge hinüber zum eisgefüllten **Kangersuneq-Fjord**. Von oben herab sieht man die Eisberge vorbeitreiben, die nur 20 km entfernt auf einer breiten Gletscherfront ins Meer kalben. Von einer Anhöhe reicht der Blick bis weit auf das Inlandeis. Wer will, kann am Fjord entlang bis nahe an den Gletscher wandern (von Kapisillit und zurück gute drei Tage). Die Anreise nach Kapisillit ist einmal wöchentlich mit dem Versorgungsboot möglich. Auf der Kapisillit gegenüberliegenden Fjordseite liegt die verlassene Siedlung **Neriunaq**, zu der man auch am Ufer entlang hinüberwandern kann.
Ein weiteres lohnendes Wanderziel von Kapisillit aus ist die Rentierzuchtstation von **Itinnera**, zu der man nach 3-4 Stunden in südlicher Richtung am Fjord entlang gelangt. Von Itinnera sind es 4 km über einen Landrücken nach **Itilleq**, wo sich die Überreste einer Wikingersiedlung befinden.
Nur angedeutet werden soll auch eine Wandermöglichkeit zwischen Kapisillit und dem südlichen Arm des **Ameralik-Fjords**. Für diesen abwechslungsreichen Weg mit vielen Flüssen und Seen (gute Angelmöglichkeiten) müssen ca. drei Tage pro Strecke veranschlagt werden.

Diese Tour wird manchmal vom Fremdenverkehrsverein organisiert, was bezüglich des Schiffstransportes vorteilhaft ist. Ansonsten muß man den gleichen Weg durch das alte Gletschertal zurück nach Kapisillit wandern.

Ebenso 3–4 Tage Zeit sollte man in etwa für die Wanderung zwischen Kapisillit und Qoorqut (s. u.) zur Verfügung haben. Beide Orte sind durch regelmäßigen Schiffsbetrieb verbunden, und wer dann noch Zeit hat, läuft am besten gleich ganz nach Nuuk zurück. Die Strecke von Qoorqut nach Nuuk führt allerdings zum Teil durch schwierig zu begehendes Terrain!

Dies sind nur einige von vielen Möglichkeiten im Godthåb-Fjord. Eine gute Landkarte, in der auch Wikinger- und Eskimoruinen sowie landschaftliche Höhepunkte eingezeichnet sind, ist beim Fremdenverkehrsamt erhältlich.

Ein idealer Standort, besonders für den Reisenden ohne Zelt, ist **Qoorqut**, ca. 50 km östlich von Nuuk. Schon die Wikinger schätzten die Lage des Ortes. Nachdem man dort mehrere Jahre ein Straflager in einem verlassenen Schafzüchtergebäude unterhalten hatte, glaubte man später, in der geschützten Bucht auch für Touristen den idealen Platz gefunden zu haben, und richtete ein komfortables Hotel ein, das sich zunehmender Beliebtheit erfreut (S. 129). Im Winter ist sogar ein Skilift in Betrieb; gute Wander- und Angelmöglichkeiten machen einen Aufenthalt in Qoorqut jedoch das ganze Jahr hindurch reizvoll. Der Transport erfolgt mit dem hoteleigenen Boot, die Fahrt dauert ca. zweieinhalb Stunden.

Zwischen Nuuk und der Disko-Bucht

Manitsok (*Sukkertoppen*)
Manitsok liegt 200 km südlich des Polarkreises jeweils eine Flugstunde von Nuuk, Søndre Strømfjord und Sisimiut (Holsteinsborg) entfernt, in der Mitte des bewohnten Teils der Westküste. Die 180 km lange Schiffsreise von Nuuk aus dauert 9 Stunden, von Sisimiut ist man 11 Stunden unterwegs. Die Übersetzung des grönländischen Namens der Stadt charakterisiert treffend ihre landschaftliche Umgebung: Manitsok bedeutet »das Unebene«, und wenn der Name auch von der früheren Stadtgründung, 50 km weiter nördlich, erst später auf die heutige Siedlung übertragen wurde, so charakterisiert er doch auch hier die geographischen Gegebenheiten. Vom Hafen aus erkennt man beispielsweise nur einen kleinen Teil der Stadt, der Rest liegt versteckt hinter stark zergliederten Felsformationen. Die holländischen Walfänger fühlten sich beim Anblick der steil aufragenden schneebedeckten Berge gar an ihre vielgeliebten Zuckerbrote erinnert und nannten die Gegend Suikerbrood. Von dieser Namensgebung stammt die dänische Bezeichnung *Sukkertoppen* ab.
Die Gründung der Stadt geht auf das Jahr 1781 zurück, als die von dem norwegischen Kaufmann Anders Olsen 1755 ins Leben gerufene Handelsniederlassung bei Kangamiut hierher verlegt wurde. Damals nannte man Manitsok »Neu-Sukkertoppen«. In den Folgejahren nahm die Stadt einen gewaltigen Aufschwung; man richtete bald eine Walfangstation ein, und mit 485 Einwohnern war Sukkertoppen 1832 einer der größten Siedlungen des Landes. Die Stadt verfügt über moderne Fischverarbeitungsanlagen und ist für Erfolge in der Rentierzucht bekannt.
Wenn ein Reisender, anders als wir es in dieser Routenbeschreibung tun, von Norden aus nach Manitsok kommt, wird er sofort einen Unterschied zu anderen Städten und Siedlungen erkennen: Es gibt keine Schlittenhunde und damit kein Gekläff, kein Kettengerassel und

keine Schlitten auf den Dächern. Manitsok liegt südlich der Hundeschlittengrenze, was bedeutet, daß hier zum Schutz von Schaf-, Fuchs- und Rentierzucht keine Schlittenhunde gehalten werden dürfen (vgl. S. 86). Andere Hunde gibt es wohl, und vor ihnen sollte sich der Reisende in acht nehmen, denn ihnen fehlt die den Schlittenhunden anerzogene Achtung vor dem Menschen.
Für einen längeren Aufenthalt im Rahmen eines Wanderurlaubs eignet sich die Stadt nur wenig, denn sie liegt sehr isoliert, und die sie umgebenden Berge sind steil und fast unüberwindlich. Für Jäger und Angler ist sie hingegen empfehlenswert: Es bieten sich ausgezeichnete Möglichkeiten für die Jagd auf Rentiere und für Angelfahrten hinaus aufs Meer. Sehenswert für einen kurzen Aufenthalt in der 3000-Einwohner-Stadt sind die alten Kolonialgebäude aus der Mitte des 19. Jahrhunderts, das Museum, Imekvej 210 (unregelmäßig geöffnet; Auskunft beim Verkehrsbüro) sowie die harpunenbestückten Walfangboote am Hafen. Es gibt zwei Hotels; im Winter eröffnet ein Skilift gute Wintersportmöglichkeiten.

Sisimiut (*Holsteinsborg*)
Sisimiut (»die Fuchshöhlenbewohner«) liegt knapp nördlich des Polarkreises, ca. 230 km südlich von Ausiait (Egedesminde) und 200 km nördlich von Manitsok (Sukkertoppen). Zum Inlandeis sind es ca. 180 km – die größte Entfernung zwischen dem Eis und einer westgrönländischen Stadt. Fast doppelt so weit, genau 350 km, beträgt die Entfernung über die Davisstraße hinweg zum westlichen Nachbarland Kanada.
Die Geschichte Sisimiuts reicht weit zurück. Funde lassen darauf schließen, daß bereits zur Sarqaq-Zeit (1000 v. Chr.) Menschen in dieser Gegend lebten, denen später Angehörige der Dorset- und der Thule-Kultur folgten. Die eigentliche Stadtgründung geht auf das Jahr 1764 zurück und resultiert aus dem Zusammenschluß Sisimiuts mit dem Wohnplatz Amerloq, der bereits 1756 gegründet worden war. Heute hat Sisimiut über 5000 Einwohner und ist damit die zweitgrößte Stadt des Landes. Diese Entwicklung ist gegenwärtig noch nicht zum Stillstand gekommen, und die Stadt schiebt sich mit modernen Bauten immer weiter in ein weitgestrecktes Tal hinein.
Trotz seiner Größe hat sich Sisimiut einen hohen Grad an Ursprünglichkeit bewahrt. Alte und neue Gebäude fügen sich rings um den

Hafen zu einer Einheit zusammen und werden überragt von den hohen Bergen diesseits und jenseits der **Ulke-Bucht** (Seebärenbucht). Einer dieser Berge ist der 680 m hohe **Kælingehætten**, auf deutsch »Weiberkapuze«, so benannt wegen der Ähnlichkeit mit einer hohen grönländischen Frauenkapuze.

Wie in jeder grönländischen Stadt sollte der Besucher einige Zeit am Hafen verweilen, besonders wenn gerade Fischer und Jäger mit ihrer Beute zurückkommen. Frisch geschossene Seehunde werden dann zerlegt und von den Frauen mit dem *ulu*, dem Frauenmesser, gesäubert.

Dem Hafen vorgelagert und mit der Stadt durch eine Brücke verbunden ist die Insel **Tømmermands Ø**, die wegen der Fernmeldestation auch kurz *Tele Ø* genannt wird. Gleich rechts hinter der Brücke sieht man die Fischereianlagen, in der Inselmitte die Tankanlagen. Vom Hafen aus gelangt man vorbei an alten Kolonialbauten und dem Seemannsheim hinauf zur blauen Kirche von 1775. Hier steht ein aus gewaltigen Walkiefern gefertigtes Tor, und man bekommt einen schönen Überblick über den alten Ortskern.

Sisimiut liegt nördlich der Schlittenhundegrenze und ist für den Reisenden aus dem Süden damit die erste Stadt, in der er Schlittenhunde zu Gesicht bekommt. Überall liegen die Helfer des Menschen herum oder suchen nach Futter, denn in den Sommermonaten werden sie nicht gerade verwöhnt. Die Tiere sind so gefräßig, daß Schlitten, Kajaks, Felle und Vorräte auf Holzgestellen vor ihnen in Sicherheit gebracht werden müssen und auch die Spielflächen der Kindergärten mit hohen Zäunen umgrenzt sind. Durch eine Verordnung der Stadtväter müssen heute die Hunde (wie in ganz Grönland) an der Kette gehalten werden.

Südlich der Kirche befindet sich der Sportplatz, östlich liegen Schule, Friedhof und Krankenhaus. Gegenüber dem Friedhof, hinter dem Supermarkt »Brugsen Sisimiut«, wird jeden Morgen der Fischmarkt abgehalten. Die Geschäfte der Stadt verfügen nach denen der Hauptstadt Nuuk über das umfangreichste Warenangebot im ganzen Land. Die Knud-Rasmussen-Hochschule mit ihrem weitgespannten Lehrprogramm (Vorträge über grönländische Kultur, aber auch praktischer Unterricht in grönländischen Fertigkeiten) steht dem Besucher ebenso offen wie das örtliche Museum. Für denjenigen, der mit dem Zelt unterwegs ist, gibt es am Ortsende, hinter dem Hotel Sisimiut und dem Hubschrauberlandeplatz, ein ideales Gelände mit ebenem Unter-

Links: Die Kirche von Sisimiut mit dem großen Walfischkiefer-Tor

Die Stadt Sisimiut an der Schlittenhundgrenze

grund und frischem Wasser. Im Ortskern befinden sich das Seemannsheim sowie mehrere Restaurants mit grönländischen Spezialitäten.

SISIMIUT VON A BIS Z

Auskunft
Fremdenverkehrsbüro, Frederik IX's Plads 3, Tel. 1 48 48, Fax 1 56 22

Bank
Eine Wechselstelle, in der man aber auch andere Geldgeschäfte erledigen kann, befindet sich im Gebäude des KNI

Camping
Außerhalb des Ortes hinter dem Hubschrauberlandeplatz befindet sich ein geeignetes Gelände mit Frischwasser

Flüge
Buchungen für Helikopterflüge im KNI-Passagierbüro (S. 141). Der Hubschrauberlandeplatz befindet sich am Ortsausgang, Heliportvej

Gemeindebüro
Makorsip Avkuserna 1, Tel. 1 40 77

Hotels
Hotel Sisimiut, Avkusinerssuaq 84, Tel. 1 48 40
Sømandshjemmet, Frederik IX's Plads, Tel. 1 41 50

Jugendherberge
Geöffnet 15.6. – 31.8., Tel. 1 48 48

Kino
Filmvorführungen finden im Versammlungshaus statt, Kartenverkauf im Kiosk dort

KNI
Frederik IX's Plads 1, Tel. 1 40 40 (Passagierbüro, Bank und Poststelle)

Krankenhaus
Deichmansvej 2, Tel. 1 42 11

Museum
Das Museum liegt an der Straße Jukorssup Avkuserna. Die wechselnden Öffnungszeiten sind beim Fremdenverkehrsbüro zu erfragen

Polizei
Die Polizeistation, Arkartarfik 1-13, Tel. 1 42 22, ist auch für die Ausgabe von Jagd- und Angelscheinen zuständig

Post
Berthelsensvey B 981, Tel. 1 47 44

Schiffsverbindungen
Wöchentlich verkehrt das Küstenschiff in Nord-Südrichtung. Mehrmals pro Woche laufen kleinere Schiffe zu allen Orten der Westküste aus

Taxi
Sollte man trotz der kurzen Strecken innerhalb der Stadt nicht auf ein Taxi verzichten können, rufe man die Telefonnummer 1 42 85 an

Telefon und Telegramm
Das Fernmeldeamt befindet sich im Televej 132, Tel. 1 41 55

Ausflüge
Wanderung am Rande der Ulke-Bucht
Ein wunderbares Naturerlebnis ist eine Wanderung in das an die Ulke-

Bucht anschließende Tal, leicht erreichbar über eine am Hubschrauberlandeplatz vorbeiführende kurze Ausfallstraße. Hier entfaltet sich die Natur in den hellen Nächten der Mitternachtssonne in ihrer ganzen Pracht und zaubert eine Vielfalt von Grüntönen hervor, die immer wieder von leuchtenden Blumen durchbrochen werden. Kleine Bäche kreuzen den Weg, die Vögel folgen dem Wanderer zutraulich von Fels zu Fels, und mit etwas Glück findet man die gelbe Schneeanemone, die nur hier und nirgendwo sonst gedeiht.

Die vorgelagerten Inseln
Der Fremdenverkehrsverein ist gerne bei der Vermittlung eines Bootes zum Besuch der vorgelagerten Inseln mit verlassenen Siedlungen und Eskimoruinen behilflich. Die Fahrt nach **Ikerasak** und nach **Avssaqutaq**, wo bis 1960 noch 90 Menschen lebten, dauert eine Stunde, nach **Sarfanguaq** und **Itivdleq** (je 100 Einw.) gelangt man mit dem regulären Versorgungsboot.

Wanderungen nach Søndre Strømfjord
Eine elftägige Wanderung trennt Sisimiut vom ca. 180 km entfernten Flughafen in Søndre Strømfjord (s.u.). Der Weg ist zum Teil anstrengend, und es müssen Proviant und das Zelt mitgeführt werden. Schwierigkeiten können die vielen, teilweise kilometerlangen Seen mit sich bringen; vor allem bedarf es einer guten Karte, um auf Anhieb den richtigen, nicht markierten Weg zu finden. Im Sommer werden solche Wanderungen auch vom Dänischen Wanderverein durchgeführt. Etwa drei Tage von Sisimiut kommt man zu der Siedlung Sarfanguaq (s. o.), wo Einkaufsmöglichkeiten bestehen. Im Winter wird die Strecke mit Hundeschlitten befahren.

Søndre Strømfjord (*Kangerlussuaq*)
Søndre Strømfjord liegt etwa 50 km nördlich des Polarkreises im Inneren des 190 km langen gleichnamigen Fjordes, worauf auch der grönländische Name des Luftverkehrsknotenpunktes, Kangerlussuaq – »der große Fjord«, hinweist. Die Siedlung Søndre Strømfjord besteht ausschließlich aus dem Flughafen mit dazugehörigen Gebäuden, den Wohnungen der Flughafenbediensteten und einem US-Luftwaffenstützpunkt. Der Flughafen wurde 1941 von amerikanischen Truppen für Zwischenlandungen nach Europa gebaut und ist seit 1955 auch für

Rechts: Der berühmte »Wegweiser« von Søndre Strømfjord

die zivile Luftfahrt freigegeben. Für alle Orte der Westküste stellt Søndre Strømfjord das Tor zur übrigen Welt dar, einmal wöchentlich fliegen von hier aus auch Maschinen zur Ostküste hinüber.
Wichtiger als der Flugzeugverkehr ist für den Reisenden innerhalb Grönlands aber die Funktion Søndre Strømfjords als Knotenpunkt der Hubschrauberlinienflüge. Jeder, der von Søndre Strømfjord aus weiterreisen möchte, sollte sich umgehend um eine Eintragung in die Passagierliste bemühen, nach deren Reihenfolge die freien Plätze vergeben werden. Daß damit noch keine Garantie für einen Flug gegeben ist, weiß man, wenn man sich noch einmal die Prinzipien der Platzvergabe im innergrönländischen Flugverkehr in Erinnerung ruft (vgl. S. 93). Auch auf die angegebenen Abflugzeiten kann man sich nicht immer ganz verlassen, denn das Wetter kann kurzfristige Verschiebungen erforderlich machen. Zeiten und Änderungen sind den Bildschirmanzeigen in der Flughafenhalle zu entnehmen.
Søndre Strømfjord ist als reiner Transitflugplatz für einen längeren Aufenthalt nicht eben einladend. Nur auf die Bewältigung des Transitverkehrs sind auch die örtlichen Gegebenheiten zugeschnitten. Das Flughafenhotel verfügt über 200 Betten und bietet neben Wartesaal und Duty-Free-Shop auch ein Restaurant. Für Zelte ist ein eigenes Gelände ausgewiesen, da die gesamte Gegend militärischer Sperrbezirk ist und der Flugbetrieb nicht durch wildes Campen gestört werden darf. Daher ist es auch verboten, ein Feuer zu entfachen.
Von Mitte Juni bis Mitte Juli scheint in Søndre Strømfjord die Mitternachtssonne, und dank der geschützten Lage bringt der Sommer Temperaturen von 25°C. Im Winter herrscht dagegen strenge Kälte, das Thermometer kann auf bis zu −50°C fallen. (Wer also beispielsweise von Kopenhagen aus den Flughafen erreicht, sollte warme Kleidung bereits im Handgepäck mit sich führen.)
Søndre Strømfjord liegt inmitten weiter, wilder, unberührter Natur. Zu beiden Seiten der Landebahn erheben sich die Berge, und es ist überaus lohnend, bei klarem Wetter einen der Gipfel zu ersteigen: Nach Osten hin kann man bis zum Inlandeis blicken. Wer das Eis näher kennenlernen möchte, erreicht es nach einer zweitägigen Wanderung. Dabei ist auffallend, daß die Tiere der Umgebung sehr zutraulich sind. Mit etwas Glück kann man Schneehasen, Polarfüchse, Rentiere und verschiedene Vogelarten beobachten. Man kann von Søndre Strømfjord aus auch in 11 Tagen nach Sisimiut wandern (S. 137).

Die Disko-Bucht

Lage und Bedeutung
Die nach der vorgelagerten Insel Disko benannte Bucht bildet trotz ihrer Lage 250 km nördlich des Polarkreises ein wichtiges Siedlungszentrum Grönlands: 12 000 Menschen wohnen in vier Städten und mehreren Siedlungen in ihrem Küstenbereich. Haupterwerbszweig dieser Bewohner ist die Fischerei, wobei insbesondere der Krabbenfang in den letzten Jahren immer größere Bedeutung erlangte. Zwischen den Städten Ausiait (Egedesminde), Qeqertarssuaq (Godhavn), Ilulissat (Jakobshavn) und Qasigianguit (Christianshåb), die alle am Saum der Bucht liegen, stellen Hubschrauber, Küstenschiffe und ein eigens für den Passagiertransport eingerichtetes Schiff dichte Verkehrsverbindungen her. Dank ihrer Naturschönheiten, der guten Ausflugsmöglichkeiten und des erweiterten Übernachtungsangebots bietet sich die Disko-Bucht bestens für einen längeren Aufenthalt an. Die fischreichen Küstengewässer sind zu manchen Jahreszeiten geradezu von Eisbergen übersät, die vom 50 km langen Jakobshavener Eisfjord hier einmünden, in dessen Innerem sich der tätigste Gletscher der nördlichen Erdhalbkugel mit einer Geschwindigkeit von 30 m am Tag vorwärts schiebt. Trotz dieser allgegenwärtigen Eisgiganten hat die Disko-Bucht jedoch ein stabiles Klima, das sie der zum Meer hin geschützten Lage verdankt. So sind Tagestemperaturen von 20°C im Sommer keine Seltenheit; mit den gleichen Temperaturen – allerdings unter dem Gefrierpunkt – kann man auch in den Wintermonaten rechnen. Insbesondere im Februar/März, wenn die Bucht zugefroren ist, dient dann immer noch der Hundeschlitten als wichtigstes Transportmittel. Von Mitte Mai bis Mitte Juli entschädigt die Mitternachtssonne für die langen Wintermonate.

Ausiait (*Egedesminde*)
Die Stadt Ausiait (»Spinnenort«) liegt im Südwestbereich der Disko-

Bucht und ist für die aus dem Süden kommenden Küstenschiffe der erste Anlaufhafen. Die auf einer Schäreninsel gegründete Stadt ist mit ihren 3300 Einwohnern die viertgrößte Stadt des Landes. Ausiait ist eine überwiegend moderne Stadt mit einem Hotel einem Seemannsheim, einem KNI-Büro sowie zahlreichen Einkaufsmöglichkeiten und Restaurants.

Am Hafen mit einigen alten Bauten aus der Kolonialzeit sieht man an einer kleinen Wehranlage mehrere Kanonen. Sie wurden von Niels Egede, dem Gründer der Stadt, der ihr zur Erinnerung an seinen Vater Hans Egede (S. 28) den Namen *Egedesminde* gab, als Schutz vor allzu eifrigen Walfängern aufgestellt. Ein 1963 errichteter Gedenkstein erinnert an den Gründer. Auf einem Höhenzug steht die neue Egedes-Kirche mit einem bemerkenswerten Keramik-Altarbild des grönländischen Künstlers Jens Rosing. Vom Hafen aus erreicht man in südlicher Richtung, an der Schule vorbei, den Hubschrauberlandeplatz. Wenige hundert Meter nordöstlich befindet sich ein See, aus dem die Stadt ihr Trinkwasser bezieht. Vom Hubschrauberlandeplatz führt eine Straße weiter zum **Lange-Sund**, vorbei an der mit 85 m höchsten Erhebung der Insel. Von dieser Kuppe schweift der Blick hinüber zur heute unbewohnten Insel **Sarqardlip Nuna**, deren karge Felsflächen mit zahlreichen Seen durchsetzt sind. An ihrem westlichen Zipfel findet man die Überreste der Siedlung *Manermiut*.

Ausflüge
Hunde Ejland und Kronprinsens Ejland
Etwa 20 km nördlich von Ausiait liegt die kleine Inselgruppe der **Hunde Ejlande** (*Kitsissuarsuit*). Die rauhen und kahlen, nur wenig aus dem Wasser ragenden Inseln sind zum Meer hin ungeschützt. Unter harten Lebensbedingungen ernähren sich die ca. 100 Bewohner von der Jagd und vom Fischfang. Die Menschen hier sind für ihre handwerkliche Geschicklichkeit bekannt, mit der sie z. B. die kleinen Kajakmodelle herstellen, die früher zur Vorbereitung der Kinder auf ihre spätere Aufgabe dienten. Das Bezirksschiff der Disko-Bucht bietet auf der Fahrt von Ausiait nach Qeqertarssuaq (Godhavn) bei Bedarf Gelegenheit zum Besuch der Inseln.

Etwa auf halbem Weg zur Insel Disko liegen die heute verlassenen **Kronprinsens Ejlande** (*Kitsissut*). Bis 1960 lebten auch hier ca. 100 Menschen, die dann aber in die größeren Städte abwanderten.

Links: Frisches Seehundfleisch am Hafen von Ausiait

Die Unberührtheit der Inseln hat seitdem viele Seevögel angezogen, die sich hier ihre Brutplätze eingerichtet haben. Die besonders seltene und starke Falkenkolonie ist streng geschützt, eine Rarität ist auch der Nistplatz der Seepapageien.

Akunaq
Der 200 Einwohner zählende Ort Akunaq (»die Dazwischenliegenden«), ca. 20 km östlich von Ausiait auf der Insel **Akunap Nuna**, wird nach Bedarf einmal in der Woche vom Bezirksschiff angelaufen. Ca. 3 km westlich der Siedlung, nahe einem kleinen See, befinden sich Eskimoruinen, ebenso auf einer vorgelagerten Insel. Weit draußen im Meer sieht man **Grønne Ejland**, eine heute unbewohnte Inselgruppe, auf der einzelne Gebäude noch als Stützpunkt für Jagd und Fischerei genutzt werden.

Kangatsiaq
Ungefähr 60 km südwestlich von Ausiait liegt die Insel Kangatsiaq, deren Name etwa »das recht kleine Kap« bedeutet. Im ganzen Gebiet wohnen ca. 1350 Menschen, verteilt auf neun Siedlungen, von denen Kangatsiaq mit 550 Einwohnern die größte ist. Die Landschaft ähnelt der näheren Umgebung von Ausiait, denn auch hier findet man eine Unzahl kahler Eilande. Übernachtungsmöglichkeiten für sechs Personen bietet ein städtisches Fremdenheim. Die großen Küstenschiffe laufen Kangatsiaq in der Regel nicht an. Diese touristische Isolation macht die Stadt indessen nur noch interessanter und ursprünglicher, so daß bei einem längeren Aufenthalt in der Disko-Bucht ein Besuch in Betracht gezogen werden sollte. Wöchentlich verkehrt ab Ausiait ein Versorgungsschiff.

Qasigianguit (*Christianshåb*)
Qasigianguit (1800 Einw.) im Südosten der Disko-Bucht wurde 1734 von dem Kaufmann Jacob Severin gegründet und ist somit die zweitälteste Stadt Grönlands. Die Übersetzung des grönländischen Namens bedeutet »kleine vielfarbige Seehunde« – eine Anspielung auf die Robben, die sich in den umliegenden Gewässern tummeln. Die wirtschaftliche Bedeutung der Stadt ist mit der Errichtung einer modernen Krabbenverarbeitungsanlage gestiegen, so daß sich die Einwohnerzahl während der letzten 20 Jahre vervierfacht hat. Von Touristen wird Qasi-

Fischkonservierung in Qasigianguit

gianguit dagegen weniger häufig besucht, da für Übernachtungen nur das Hotel Igdlu mit 20 Betten bereitsteht.

Vier Kanonen im alten Stadtteil erinnern an den kleinen Handelskrieg zwischen Dänemark und den Niederlanden, als Mitte des 18. Jh.s die Holländer trotz dänischem Monopol ihre Handelsbeziehungen zu den Eskimos fortsetzten. Drei bewaffneten dänischen Schiffen gelang es damals, vier holländische Handelsschiffe zu entern. Das Aufbringen der feindlichen Schiffe hatte jedoch keine Folgen, und so blieb es bis heute bei dieser einzigen »Seeschlacht« in Grönlands Gewässern.

Ein guter Platz für Angler ist die nördlich der Stadt gelegene **Lakse-Bucht**, die man zu Fuß nach einstündiger Wanderung erreicht. Mit zur Gemeinde Qasigianguit gehört auch die etwa 100 Einwohner zählende Außensiedlung **Ikamiut**, 35 km südwestlich der Stadt. Sie wird zwar von Versorgungsschiffen angelaufen, das Platzangebot ist aber sehr begrenzt. Die zweite ehemalige Außensiedlung auf der Insel Akugdlit ist nicht mehr bewohnt.

Wanderung von Qasigianguit nach Ilimanaq (Claushavn)
Diese Tour dauert ca. 4 Tage, ist nicht allzu anstrengend und belohnt den Wanderer mit immer wechselnden Blicken auf die Disko- Bucht. Zunächst ersteigt man den östlich der Stadt gelegenen Höhenzug Qaqarssuaq und genießt aus 450 m Höhe einen prächtigen Blick auf Stadt und Bucht. Nun geht es bergab, indem man der alten Schlittenroute folgt. Zahlreiche Seen laden zum Zelten und Fischen ein. Immer wieder müssen seichte Bäche durchwatet werden. Verlaufen kann man sich kaum, darf aber auf fremde Hilfe nicht rechnen, denn von wenigen Familien abgesehen, die entlang der Küste an Sommerfangplätzen wohnen, ist hier niemand unterwegs. Von Ilimanaq (S. 158) fährt ein Bezirksschiff weiter nach Ilulissat (Jakobshavn).

Ilulissat (*Jakobshavn*)
Lage und Geschichte
Ilulissat (»Eisfelsen«), mit 4600 Einwohnern die drittgrößte Stadt des Landes, liegt im Inneren der Disko-Bucht auf 69° nördlicher Breite und 51° westlicher Länge, 290 km nördlich des Polarkreises. Nur 2 km von den Häusern der Gemeinde entfernt beginnt der mit Eisbergen gefüllte 50 km lange Eisfjord, der ständig neue Eisberge in die Disko-Bucht schiebt. Diese bizarren Gebilde verleihen dem Ort einen einmaligen Charakter und ließen ihn zum Zentrum des Grönlandtourismus in der Disko-Bucht werden.
Ilulissat wurde bereits 1741 von dem Kaufmann Jacob Severin gegründet, der der Stadt auch ihren dänischen Namen gab. Es dauerte jedoch lange, bis sich die Siedlung zu einer richtigen Stadt entwickelte. Die nahegelegene Eskimosiedlung Sermermiut mag die Ursache dieser schleppenden Entfaltung gewesen sein. Im Gegensatz zu anderen Landesteilen, wo sich die Eskimos zu kleinen Jagdgemeinschaften zusammentaten, lebten sie hier bereits in dieser am Rande des Eisfjords gelegenen Siedlung. Sermermiut hatte um das Jahr 1740 bereits 200 Einwohner und war damit der größte Wohnplatz des ganzen Landes. Nach und nach wanderten einzelne Familien in den Nachbarort ab. Das eigentliche Ende von Sermermiut und gleichzeitig der Aufstieg von Ilulissat kam jedoch erst mit dem Übertritt der Eskimos zum christlichen Glauben, als nahezu die gesamte Bevölkerung Sermermiuts nach Ilulissat übersiedelte, um in der Nähe der dort errichteten Missionsstation zu leben. Der Fischreichtum, die Seehund- und Wal-

jagd und in neuerer Zeit die Krabbenfischerei bildeten eine gute Grundlage für die weitere Entwicklung der Stadt, deren Einwohnerzahl sich in den letzten 20 Jahren mehr als verdreifacht hat.

Übrigens war Ilulissat einer der ersten Orte in Grönland, die ständig von einem Arzt betreut wurden. Von 1793 bis 1794 praktizierte hier z. B. Dr. T. K. Eulkner, ein deutscher Chirurg.

Klimatisch liegt Ilulissat sehr günstig. An Sommertagen klettert das Thermometer bis auf 20°C, und selbst im März/April, der großen Zeit der Hundeschlittenfahrten, sind −10 bis −15°C trockene Kälte bei starkem Sonnenlicht leichter erträglich als ein naßkalter europäischer Wintertag.

Von den ersten Dezembertagen bis Mitte Januar herrscht die Polarnacht: Kein einziger Sonnenstrahl ist am Himmel zu sehen. Wenn dann am Holmenhügel südlich der Stadt die Sonne wieder sichtbar wird, ist nahezu die gesamte Bevölkerung auf den Beinen, um sie zu begrüßen. Von Ende Mai bis Ende Juli folgt dann mit 24 Stunden Sonnenschein am Tag die Entschädigung für die langen Winternächte. Wer zu dieser Zeit von einem ruhigen Hügel außerhalb der Stadt den Lauf der Sonne verfolgt, sie auf ihrem Kreislauf fast den Horizont berühren sieht, ehe sie wieder aufsteigt und die Eisberge funkeln läßt, dem wird dieses Erlebnis sicher in Erinnerung bleiben.

Stadtrundgang

Der Hafen der Stadt, eine 600 m lange und 150 m breite Bucht, wird von Molen zum Meer hin geschützt. Vor dem Bau dieser Anlage richteten bis zu 2 m hohe Flutwellen oft große Schäden unter den vertäut liegenden Fischerbooten an. Die Ursache dieser Wellen sind die kalbenden oder auseinanderbrechenden Eisberge des nahen Eisfjords. An der 50 km entfernten Abbruchkante des Gletschers entstehen dabei Unterwasserwellen, die sich kräftig weiter fortpflanzen und dann mit gewaltiger Wucht auf die Felsen auftreffen. Schon die Holländer, die vor 300 Jahren in der Bucht auf Walfang gingen, fürchteten diese von ihnen *Kaneling* genannten Wellen. Den holländischen Walfängern, die noch vor den Dänen als erste Europäer in diese Region vordrangen, verdankt die Stadt auch ihren dritten oder, genaugenommen, ersten Namen: *Maklykout.*

Gegenüber der Schiffsanlegestelle befindet sich die moderne Krabbenfabrik, in der zusammen mit der zweiten örtlichen Verarbeitungsan-

Ilulissat am Jakobshavner Eisfjord

lage jährlich 50 000 t dieser begehrten Meerestiere verwertet werden. Gegenüber der Fabrik, auf der anderen Hafenseite sieht man oben auf dem Hügel das durch eine Sperrmauer aufgestaute Süßwasserreservoir der Stadt, das man über eine kleine Brücke am Ende des Hafens erreicht. Die vom Hafen aus ansteigende Straße mündet in einen großen Platz, der das eigentliche Stadtzentrum markiert. Hier findet man einen Supermarkt, einen Kiosk, die Versammlungshalle, die Post, ein Kino, die Stadthalle und, am östlichen Ende des Mølgardsvej, das KNI-Reisebüro und die Bank. Dem KNI-Büro gegenüber steht ein auffälliges schwarzes **Lagerhaus**, das im Jahre 1781 errichtet wurde und damit das älteste Gebäude der Stadt ist. In seinem Inneren sind heute alte Kajaks, Schlitten und Fischfangutensilien ausgestellt.
Zurück am Hauptplatz, erreicht man auf dem Sygehusvej, vorbei am Hotel »Hvide Falk«, das Krankenhaus und die alte **Zionskirche**. Die eingeritzte Jahreszahl 1779 am Eingang des Gotteshauses gibt nicht das Baujahr wieder, sondern das Datum des Transports der Einzelteile aus

Dänemark. 1930 wurde die ursprünglich etwas tiefer am Meer stehende Kirche an den jetzigen Standort versetzt.

Kurz hinter der Kirche liegt mit herrlichem Blick auf die Bucht das Hotel »Jakobshavn« und, von diesem aus über den Snespurvevej erreichbar, die Polizeistation. Hier entlang der Küste dominiert die alte Holzbauweise, und die Schlittenhunde finden zwischen den einzeln stehenden Häusern genug Platz zum Tollen. Der Südrand der Stadt erscheint dagegen weniger grönländisch: Dort sind langgestreckte moderne Wohnblocks entstanden, die sich hinter den Bergen zu verstecken scheinen. Zum Helikopterlandeplatz gelangt man über die in südlicher Richtung führende Straße nach Sermermiut.

Nicht versäumen sollte man einen Besuch des **Museums**, das in dem roten Holzhaus untergebracht ist, in dem der berühmte Grönlandforscher Knud Rasmussen (S. 31) am 7. Juni 1879 als Sohn eines Pastors das Licht der Welt erblickte und seine Jugend verbrachte, ehe er zu mutigen Abenteuern mit dem Hundeschlitten aufbrach. Seine Taten waren in aller Munde, und heute trägt eines der Küstenschiffe seinen grönländischen Namen »Kununguaq« – Großer Knud. Vor dem Museum, in dem sich auch das Fremdenverkehrsbüro befindet, wurde originalgetreu eine Torfhütte aufgebaut und eingerichtet, wie sie früher im ganzen Land benutzt wurden.

ILULISSAT VON A BIS Z

Auskunft
Das Fremdenverkehrsbüro ist im gleichen Haus wie das Museum untergebracht: Korunguaq, Tel. 4 32 46

Bank
Grønlandsbank, Nuna-Bank und Post befinden sich beim großen Platz im Stadtzentrum

Bus
Es gibt zwei Busgesellschaften, die tagsüber und in den Abendstunden auf den Hauptstraßen verkehren. Feste Fahrpläne gibt es ebensowenig wie festgelegte Fahrstrecken. Sagen Sie dem Fahrer daher vorher, wohin Sie wollen. Sicher ist nur der Fahrpreis, unabhängig von der Länge der Strecke

Camping
Der Campingplatz mit Kochgelegenheit befindet sich am alten Hubschrauberlandeplatz

Flüge
Seit Fertigstellung des Flugplatzes (1984) kann Ilulissat mit Dash 7-Turboprop-maschinen angeflogen werden (vorher waren nur Hubschrauberflüge möglich). Es bestehen wöchentlich drei Verbindungen nach Søndre Strømfjord und eine Verbindung nach Nuuk. Durch mehrere Hubschrauberverbindungen in der Woche kann man auch alle übrigen Städte der Westküste leicht erreichen. Reservierungen durch das KNI-Büro, Noah Mølgardsvej, Tel. 4 32 46
Grønlandsfly, Tel. 4 39 88, Fluginformation Tel. 4 35 88

Gemeindebüro
Das Gemeindebüro im Noah Mølgardsvej, Tel. 4 32 77, ist montags bis freitags von 10–14 Uhr geöffnet

Hotels
Hvide Falk, Sygehusvej, Tel. 4 33 43
Naleraq, 6 Zimmer mit gemeinsamen Baderaum, Tel. 4 40 40
Arctic Hotel, Tel. 4 41 53. Dieses neuere 126-Betten-Hotel liegt gegenüber dem Hafen an der Straße zum Flugplatz

Jugendherberge
Nur während der Sommermonate, in einer umgebauten Arbeiterbaracke der GTO (Tel. 4 33 77). Wenn die Jugendherberge belegt ist, kann man auch in der Sporthalle Unterkunft finden (Tel. 4 34 59)

Kino
Im Versammlungshaus, Fredericiavej, finden sonntags, dienstag und donnerstags Vorstellungen statt, Beginn 19.30 Uhr

KNI
Im KNI-Büro, Noah Mølgardsvej, Tel. 4 32 46, ist auch die Bank und ein Reisebüro untergebracht (geöffnet montags bis freitags von 9–15 Uhr)

Krankenhaus
Das Krankenhaus befindet sich im Sygehusvej, Tel. 4 32 11 (für akute Fälle ständig dienstbereit)

Museum
Das Museum im Knud Rasmussens Hus ist Di–Fr 10–16 Uhr, So 12–16 Uhr geöffnet, Tel. 4 36 43

Polizei
Die Polizei, Snespurvevej, Tel. 4 32 22, ist auch für die Ausgabe von Jagd- und Angelscheinen zuständig

Post
Noah Mølgardsrej, Tel. 4 34 66; Öffnungszeiten: Mo–Fr 9–16 Uhr

Schiffsverbindungen
Wöchentlich verkehrt das Küstenschiff, das die Verbindungen zu den Städten im Norden und Süden der Westküste herstellt; zu den Orten der Disko-Bucht besteht mehrmals in der Woche Verbindung

Taxis
Es gibt ca. 40 Taxis in der Stadt. Der Grundpreis liegt bei 9 dkr, pro km werden weitere 10 dkr berechnet. Zwischen Mitternacht und 6 Uhr morgens ruht der Taxibetrieb

Telefon und Telegramm
Das Fernmeldeamt im Televej, Tel. 4 32 55, hat montags bis freitags von 9–17 Uhr geöffnet

Ausflüge
Der Eisfjord
Nur 2 km südlich der Stadt, leicht über einen Pfad erreichbar, gelangt man zu dem bereits erwähnten Eisfjord. Dieser 50 km lange und 10 km breite Fjord ist gefüllt von den gewaltigen Eisbergen des Jakobshavner Eisgletschers, der sich mit einer Geschwindigkeit von 30 m pro Tag auf einer Breite von 7 km in den Fjord schiebt und damit der aktivste Gletscher der nördlichen Halbkugel ist. An einem Tag kalbt er die gleiche Menge, die alle Schweizer Gletscher zusammen innerhalb eines Jahres produzieren. Häufig laufen die größten Eisriesen am Eingang des Fjordes bei einer 250 m unter dem Meeresspiegel liegenden Sandbank auf Grund, ehe sie durch Druck oder Springflut in die Disko-Bucht gelangen. Mannigfaltig sind die Farben und Formen dieser vergänglichen Gebilde; der Phantasie sind keine Grenzen gesetzt, wenn man versucht, die Eisformationen zu deuten. Oft bricht unter rollendem Donner ein solcher Riese auseinander, verliert das Gleichgewicht, weil die Sonne die Südseite immer tiefer ausgewaschen hat oder Ebbe und Flut lange Zeit an der Basis genagt haben. Dann kommt Bewegung ins Wasser: Tiefblaues Eis taucht plötzlich seitlich auf. Fischer und Jäger kennen diese Gefahren und halten von jedem Eisberg respektvoll Abstand. Die Luft im Eisfjord ist erfüllt vom Knistern und Krachen des schmelzenden Eises. Auf über 300 km² setzt dieses Knistern und Knacken den im Eis konservierten Sauerstoff frei und weht eine ungekannte Frische

Zelturlaub in der Nähe von Ilulissat

zum Ufer herüber. Einen guten Überblick über die Szenerie bekommt man von einem nahe der Stadt gelegenen Hügel.

Am Ufer des Fjordes lassen sich schöne Wanderungen durchführen. Als Ausgangspunkt bietet sich beispielsweise die alte Eskimosiedlung **Sermermiut** an, deren Hausruinen an den Berghängen zu sehen sind. Fjordeinwärts erreicht man nach kurzer Wanderung in östlicher Richtung die Eskimogräber bei der **Kællingekløft**. An der zum Meer hin gewandten Seite dieser kleinen Schlucht fällt eine Felsklippe steil ins Meer ab. In Hungerszeiten stürzten sich hier alte und kranke Einwohner der Eskimosiedlung in den Tod, um nicht als unnütze Esser den Bestand der Gemeinschaft zu gefährden.

Das Fremdenverkehrsbüro vermittelt Bootsfahrten und Hubschrauberflüge in die Bucht und zum Eingang des Fjordes.

Oqaitsut
Oqaitsut (»Kormorane«), dänisch *Rodebay*, liegt 18 km nördlich von

Ilulissat. Noch bevor die heute 90 Einwohner zählende Siedlung 1877 gegründet wurde, hatten sich holländische Walfänger hier einen Stützpunkt für ihre Walflotte geschaffen. Besonders betriebsam ist die Gegend um Oqaitsut im Juni, der Zeit der Angmagssat-Fischerei. Der kleine Lachs (dem auch die Stadt Angmagssalik in Ostgrönland ihren Namen verdankt) kommt dann so zahlreich vor, daß er zum Teil mit dem Köcher aus dem Wasser gefangen werden kann. Viele Familien schlagen in dieser Jahreszeit wie ihre Vorfahren für einige Wochen an der Brede-Bucht ihre Zelte auf oder beziehen einfache Sommerwohnplätze. Während der Wintermonate besteht die Möglichkeit, Oqaitsut ab Ilulissat mit dem Hundeschlitten zu erreichen. Die zweistündige Fahrt geht entweder quer über die zugefrorene Bucht oder landeinwärts über zugefrorene Seen mit steil aufragenden Felswänden an den Seiten. Von Oqaitsut aus führt diese Schlittenroute weiter nach Ritenbenk und Sarqaq.

Ilimanaq
Ilimanaq (»Platz der Erwartungen«), dänisch *Claushavn* genannt, liegt am südlichen Ufer des Eisfjords und gehörte ursprünglich zur Gemeinde Qasigianguit. 1971 wurde die Siedlung mit ihren 100 Einwohnern der Stadt Ilulissat eingegliedert. Das 1741 gegründete Ilimanaq ist durch die Nähe des Eisfjords geprägt. Nicht selten blockieren Eisberge den kleinen Hafen und müssen mit Schiffen abgedrängt werden. Auf einer 7 km langen Wanderung zum Eisfjord kommt man an den verlassenen Siedlungen und Eskimoruinen von Igdlumiut, Nordre Huse und Eqe vorbei. Bei Eqe ist der Fjord 8 km breit und erscheint von weitem wie eine einzige große Eisfläche. Erst der genaue Blick macht deutlich, daß es sich um Hunderte von dicht gedrängt schwimmenden Eisbergen handelt. Südlich von Ilimanaq befindet sich ein alter Eskimo-Friedhof. In der Siedlung bestehen keine Übernachtungsmöglichkeiten.

Sarqaq
Von Ilulissat aus erreicht man einmal in der Woche mit dem Bezirksschiff das 150 Einwohner zählende Sarqaq (»Sonnenseite«). Der Ort liegt ca. 100 km nördlich von Ilulissat und ist damit eine typische *Udsted* – eine Außensiedlung.
Die Hänge der Halbinsel **Nugssuaq**, auf der reiche Kohlevorkommen

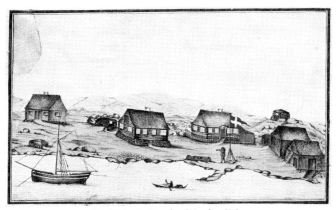
Die Kolonie Ritenbenk in alter Zeit

festgestellt wurden, fallen hier sanft in einem Sand- und Kiesstrand zum Meer ab; den Kontrast dazu bildet die Insel Disko auf der gegenüberliegenden Seite des **Vaigat-Sunds**. Steil und dunkel ragen dort die Felsen aus dem Meer und lassen die Lage von Sarqaq nur noch ruhiger und friedlicher erscheinen. Der Wohnplatz wurde zwar bereits 1755 als Kolonie Ritenbenk gegründet, aber schon 1781 auf Arveprinsens Ejland verlegt. Erst ab 1855 siedelten sich erneut einige Familien an der »Sonnenseite« an. Lange davor hatten jedoch schon einmal Eskimos in dieser Gegend gelebt: Etwas außerhalb von Sarqaq fand man Feuersteine und Knochen – Überreste einer 3000 Jahre alten Eskimogemeinschaft, die nach ihrem Fundort als Sarqaq-Kultur bezeichnet wird. Heute hat man festgestellt, daß es sich um die älteste Eskimokultur des ganzen Landes handelt.

Vom praktischen Sinn der Grönländer zeugt eine kleine, 600 m vor Sarqaq gelegene Insel, die man bis vor wenigen Jahren als Vorratslager benutzte, um Speck und Fisch vor den gefräßigen Hunden zu schützen. Im Winter werden Hundeschlittenreisen von Ilulissat nach Sarqaq durchgeführt, die bei eintägigem Aufenthalt in der Siedlung etwa eine Woche in Anspruch nehmen und körperliche Fitness voraussetzen.

Etwa 30 km östlich von Sarqaq gelangt man mit dem Boot nach **Qeqertaq** (»Insel«), dessen 80 Einwohner einmal wöchentlich vom

Bezirksschiff versorgt werden. Die Siedlung liegt am Eingang der **Tasiussaq-Bucht** gegenüber dem **Arveprinsens Ejland**, deren Siedlungen Ata und Ritenbenk heute verlassen sind.

Da die Siedlungen außerhalb von Ilulissat kaum Übernachtungsmöglichkeiten bieten (in Sarqaq kann man z.B. in der Schule übernachten), muß entweder ein Zelt mitgeführt oder nach kurzem Besuch am gleichen Tag die Rückreise mit dem Bezirksschiff angetreten werden. Dabei ist zu beachten, daß die Bezirksschiffe nicht immer an ihren morgendlichen Abfahrtsplatz zurückkehren. Genaue Informationen geben die KNI-Büros jeder Stadt.

Qeqertarssuaq (*Godhavn*) und die Insel Disko

Qeqertarssuaq (»die große Insel«) mit seinen 1000 Einwohnern liegt an der Südspitze der 8578 km² großen Insel Disko. Die 1773 gegründete Stadt war während des 17. und 18. Jh.s eine der bedeutendsten Stationen der Walfänger. Vor dem Haus des ehemaligen Landesvogts, dem damals höchsten Beamten in Nordgrönland, errinnern zwei Kiefer des Grönlandwals an diese Zeit. Charakteristisch ist auch der dänische Name des Ortes: *Godhavn* bedeutet »guter Hafen«, und tatsächlich liegen auch bei wilder See die Boote ruhig hinter Felsen geschützt. In einer kleinen Bucht am Hafen sieht man bei Ebbe viele Knochenstücke im Wasser schwimmen, die von Walen stammen, die hier auch heute noch häufig erlegt und im Hafen verarbeitet werden.

Manchmal kommt es vor, daß große Herden dieser Meerestiere vom Eis überrascht und in einem kleinen Luftloch zusammengedrängt werden, wo sie nach Luft schnappen. Die Jäger haben dann leichtes Spiel: Oft werden bei solchen Gelegenheiten Hunderte von Walen erlegt, und noch heute erzählt man sich, daß bei einem solchen *savssat* Mitte der 50er Jahre 3000 Tiere gefangen werden konnten. Nicht von ungefähr zeigt das Stadtwappen daher ein Abbild des Grönlandwals, der heute allerdings streng geschützt ist. Vor der Hafeneinfahrt sieht man die sogenannte »Aussicht«, eine Holzhütte, von der aus früher das Meer nach den Meeressäugetieren abgesucht wurde.

Östlich der Stadt, die außer einer pagodenförmigen achteckigen Holzkirche nur wenige touristische Sehenswürdigkeiten besitzt, befindet sich seit Anfang dieses Jahrhunderts die Arktische Forschungsstelle der Universität Kopenhagen. Die Station mit ihren Spezialisten ist auch dem Besucher zugänglich und verfügt über eine bedeutende

Qeqertarssuaq auf der Insel Disko

Sammlung grönländischer Vögel. Die Wiese hinter der Forschungsstation steht wegen ihrer Pflanzenvielfalt unter Naturschutz. Die Umgebung der Stadt insgesamt ist jedoch reich an seltenen Pflanzenarten und geologischen Formationen, die dem naturkundlich Interessierten bei Wanderungen und Ausflügen ein reiches Beobachtungsfeld bieten.
Östlich der Stadt mündet das rote Wasser des **Røde Elv** ins Meer. Auf der anderen Seite des Flusses, nahe der steil zum Meer hin abfallenden 930 m hohen Basaltberge, zeigt vom Wasser ausgewaschenes Lavagestein die abstraktesten Formationen.
Entlang dem Røde Elv kann man eine Wanderung durch das **Blæsedalen** bis auf die andere Seite der Halbinsel am **Disko-Fjord** unterneh-

men. Der nicht markierte Weg verläuft östlich des Flusses. Im Winter wird diese Strecke auch von Hundeschlitten befahren.
Ab und zu besteht die Möglichkeit, von Qeqertarssuaq aus mit einem Versorgungsschiff zur abgelegenen Siedlung **Diskofjord** (*Kangerluk*) zu gelangen. Die Siedlung **Skansen**, ca. 50 km östlich der Stadt, ist nicht mehr bewohnt.
Es bestehen mehrere Schiffsverbindungen pro Woche zu den anderen Städten und Siedlungen der Disko-Bucht sowie mit dem Küstenschiff nach Norden und Süden, außerdem sind Hubschrauberflüge in alle Städte der Westküste möglich. Die Fahrzeit nach Ilulissat (Jakobshavn) beträgt mit dem Schiff 5 Std., mit dem Helikopter 25 Min., nach Ausiait (Egedesminde) 4 Std. bzw. 20 Min. Da es in Qeqertarssuaq nur wenige Unterkunftsmöglichkeiten im Hotel Puisi, der Arktik-Station oder den Nuna-Tek-Hütten gibt, ist es ratsam, sich schon vor Ankunft über den KNI oder das Gemeindebüro nach Privatzimmern zu erkundigen.

Ausflug nach Qutdligssat
Qutdligssat ist eine Geisterstadt unterhalb des 1919 m hohen Berges **Højryggen** im nordöstlichen Teil der Insel Disko. Die Stadt war früher wegen ihrer Kohlegruben bekannt, die fast ganz Grönland mit Heizmaterial versorgten. Noch bis 1970 lebten in Qutdligssat rund 1200 Menschen, doch dann wurde die Kohleförderung zu unrentabel, so daß man den Abbau einstellte. Die ehemalige Bevölkerung lebt heute verteilt über alle Orte der Westküste. Diese Umsiedlungsaktion brachte damals viele Probleme mit sich, in denen manche Menschen nur den Selbstmord als Ausweg sahen.
Die Gebäude Qutdligssats sind bis heute vollständig erhalten; man erzählt sich, daß immer wieder ehemalige Bewohner zurückkehren und ihr Haus streichen, um für die Rückkehr vorbereitet zu sein. Eine erneute Kohleförderung erscheint jedoch ausgeschlossen.
Die beiden Eingänge der alten Kohlengrube liegen nahe am Strand, erst nach 3,5 km Eisenbahnfahrt durch die waagrecht in den Berg führenden Schächte hatten die Kumpel ihre Arbeitsplätze vor Ort erreicht. Die Bedingungen unter Tage waren sehr hart, denn sommers wie winters lagen die Temperaturen unter dem Gefrierpunkt. Allerdings hatte dies wiederum den Vorteil, daß sich dadurch das gefürchtete Grubengas nicht entwickeln konnte. Zur Unrentabilität der För-

Die verlassene Stadt Qutdligssat auf der Insel Disko

derung trug auch die Tatsache bei, daß Qutdligssat keinen eigenen Hafen hat und die Kohle mit Kähnen zu den draußen vor der Küste wartenden Schiffen verfrachtet werden mußte. Mit Qutdligssat wurde damals auch die zur Gemeinde gehörende Siedlung Ujarasugssuk geschlossen.

Die Städte nördlich der Disko-Bucht

Umanaq
Die 1763 gegründete Stadt Umanaq liegt ca. 450 m nördlich des Polarkreises auf einer kleinen gleichnamigen Insel, die der Nordseite der Nugssuaq-Halbinsel (S. 158) vorgelagert ist. Umanaq wird überragt von einem 1200 m hohen Felsen, nach dessen Form die Stadt benannt ist: Die Übersetzung des grönländischen Wortes *umanaq* bedeutet »herzähnlich«. Für den Nichtgrönländer wird dieser Vergleich allerdings erst dann verständlich, wenn er weiß, daß in der grönländischen Vorstellung die Spitze eines Herzens stets nach oben zeigt, und daß mit dem Wort »Herz« stets dasjenige eines Seehundes gemeint ist.
Die 1400 Einwohner von Umanaq wohnen ausschließlich in bunt bemalten Holzhäusern, die sich eng an den Fels schmiegen. Der Baugrund ist begrenzt, und für neue Häuser wird es immer schwerer, einen geeigneten Platz zu finden. Bereits jetzt sind viele Bauten nur über eine lange, brückenähnliche Holzkonstruktion zu erreichen.
Zwei Gebäude der Stadt fallen besonders ins Auge: Zum einen das große holzverkleidete, direkt am Wasser gelegene Krankenhaus, das eher einem Hotel ähnelt, und zum anderen die Kirche, die, für Grönland sehr selten, aus Stein errichtet wurde. Gleich hinter der Kirche hat man der Nachwelt eine alte Torfhütte erhalten, die nach Vereinbarung besichtigt werden kann. Im Museum der Stadt sind u.a. Pferde- und Motorschlitten des deutschen Grönlandforschers Alfred Wegener (S. 31) zu sehen, die dieser bei seinen Expeditionen auf das Inlandeis benutzt hatte (geöffnet Mo–Sa 9–16 Uhr).
Inzwischen gibt es in der Stadt ein 20-Betten-Hotel; weitere Unterkunftsmöglichkeiten im Gebäude des GHS-Bauwesens, Zimmer in der Sporthalle sowie während der Sommermonate preiswerte Matratzenlager bei »Inngerut«. Doch auch ein mehrstündiger Zwischenaufenthalt vermittelt bereits einen guten Eindruck vom Leben in dieser Stadt, die wie keine Gemeinde weiter südlich von der Seehundjagd geprägt ist:

Die Stadt Umanaq auf einer alten Zeichnung

Überall sieht man Trockengestelle für die Felle und Fleischstreifen, die an der Luft trocknen. Die Männer von Umanaq sind aber auch für ihre starken Schlittenhunde bekannt, die im Winter, vom teuren Hubschrauber abgesehen, die Verbindung zur Außenwelt gewährleisten.
Die Urtümlichkeit, die das Leben in Umanaq insgesamt prägt, zeigt sich auch in der Trinkwasserversorgung vieler Bewohner: Viele von ihnen verschmähen das fade bräunliche Wasser aus dem Trinkwasser-

see in der Inselmitte und ziehen es vor, sich ihr eigenes Trinkwasser aus Eisbergen zu schmelzen. Eigensinn spricht auch aus einer weiteren Besonderheit der Stadt: Um genügend Platz für die Anlage eines Fußballplatzes zu erhalten, sprengten die Bewohner kurzerhand die störenden Felsen in die Luft. Bei so viel Zielstrebigkeit wundert es kaum, daß Umanaq bald darauf die grönländische Meisterschaft gewann.
Zweimal in der Woche besteht eine Helikopterverbindung von und nach Ilulissat (Jakobshavn), die Flugzeit beträgt 45 Min., einmal in der Woche ist der Weiterflug nach Upernavik im Norden möglich. Ebenfalls einmal wöchentlich läuft bis Anfang November eines der Küstenschiffe die Stadt an; die Fahrzeit ab Ilulissat (Jakobshavn) dauert 15 Std. Alle zwei Wochen fährt das Küstenschiff nach Upernavik im Norden weiter.
1978 stießen zwei Jäger bei **Qilakitsoq** am Nordrand der Nugssuaq-Halbinsel auf ein Steingrab und fanden dort, was erst Jahre später als einer der sensationellsten Funde der neueren Anthropologie der Weltöffentlichkeit bekannt wurde: sechs Frauen und zwei Kinder, auf natürliche Weise gefriergetrocknet, in vollständig erhaltener Kleidung des 15. Jahrhunderts. Aus Furcht vor Geistern gingen die Forschungsarbeiten zu Anfang nur zögernd voran. Doch brachte gerade dieser Fund Licht ins Dunkel des frühen Eskimolebens. Er ermöglichte nicht nur, Rückschlüsse auf die Arbeitstechnik bei der Kleiderherstellung, die Ernährung und den Körperbau zu ziehen, sondern brachte durch Infrarotfotografie sogar die Gesichtstätowierungen zum Vorschein. Die Mumien befinden sich heute im Landesmuseum von Nuuk (S. 127).

Ausflug in die Umanaq-Bucht
Im Gegensatz zu anderen Gemeinden, in denen sich der Großteil der Einwohner in der Stadt konzentriert, gibt es im Umanaq-Bezirk noch sieben kleinere Siedlungen mit zusammen 1200 Bewohnern. Hier, wo die Menschen noch fast gänzlich ihren Lebensunterhalt als Jäger bestreiten, hat sich der Trend zur Bevölkerungskonzentration noch nicht durchgesetzt. Der wichtigste Grund dafür liegt sicherlich darin, daß jedes Jagdrevier nur eine begrenzte Bevölkerungszahl ernähren kann und eine Überjagung auf die Dauer die Lebensgrundlage aller Einwohner zerstören würde.
Die Verbindungsmöglichkeiten zu den einzelnen Siedlungen sind im

Kindermumie des 15. Jahrhunderts aus dem Grab von Qilakitsoq

oft eisgefüllten Umanaq-Fjord rar und schwierig, da nur vereinzelt Versorgungsboote verkehren. Es gibt auch keine Übernachtungsmöglichkeiten, und sogar der Camper muß sich darauf einstellen daß das Lebensmittelangebot in diesen Orten allein auf den Bedarf der Ortsansässigen zugeschnitten ist.
Die einzelnen bewohnten Siedlungen sind: Nioqornat (90 Einw.), Qaersut (200 Einw.), Ikerasak (220 Einw.), Satut (300 Einw.), Uvkusigssat (200 Einw.), Igdlorssuit (150 Einw.) und Nugatsiaq (100 Einw.). Ebenfalls im Umanaq-Bezirk liegt die Station Marmorilik. Hier wurde, wie schon der Name anklingen läßt, jahrelang Marmor abgebaut. Heute arbeiten dort 250 Grönländer, Dänen und Kanadier in der hoch oben im Fels gelegenen Erzmine Black Angel. Die Gewinne dieses Unternehmens – ca. 50 Mill. dkr im Jahr – fließen zur Hälfte an den Staat. Nachdem die Vorräte nahezu erschöpft sind, soll die Mine allerdings demnächst geschlossen werden.

Walfotosafari
Ab Ende Juli werden halbtägige Walfotosafaris zur Nugssuaq-Halbinsel sowie zur Illorsuit-Insel veranstaltet. Es bestehen gute Chancen, dabei Weißwale, Finnwale und sogar Blauwale zu Gesicht zu bekommen.

Upernavik
Upernavik (»Frühjahrsplatz«), liegt rund 700 km nördlich des Polarkreises und ist damit die nördlichste Stadt der Westküste, in der die Linien von Küstenschiffen und Hubschraubern enden. Die 900 Einwohner der Stadt zwischen Fels und Eis leben zum Großteil vom Robbenfang, im Winter ziehen die Jäger auch in die Melville-Bucht auf Eisbärjagd. Das Stadtwappen, das eine Sonne und drei geringelte Seehunde zeigt, symbolisiert die reichen Robbenvorkommen.
Upernavik macht es dem Besucher nicht einfach, die Stadt genauer kennenzulernen. Es bestehen nur Übernachtungsmöglichkeiten in den Nuna-Tek-Hütten, und bei Durchschnittstemperaturen von 5°C im August ist ein längeres Campieren im eigenen Zelt auch nicht jedermanns Sache. Bequemer ist ein Besuch Upernaviks mit dem Küstenschiff, das jedoch die Stadt nur alle 14 Tage anläuft. Die Fahrtzeit dauert von Umanaq aus 17 Stunden und ist bei klarem Wetter sehr reizvoll, obgleich das Schiff infolge des Eises weitab der Küste verkehrt.

Dabei werden die spärlichen Grünflächen am Ufer immer seltener. Deutlich dominieren Meer, Eis und kahler Fels. Sie bilden eine Kulisse von grandioser Kargheit. Das Schiff hat in Upernavik mehrere Stunden Aufenthalt, die man unbedingt auch zu einem Besuch des kleinen Museums nutzen sollte. Sein Gästebuch, das bis in das Jahr 1930 zurückreicht, bietet allein schon eine interessante Lektüre, daneben zeugen eine Vielzahl von Gegenständen des täglichen Lebens vom Erfindungsreichtum der hier lebenden Menschen.

Auf dem alten Friedhof ist das Grab von Navarana, der Frau des Schriftstellers und Forschers Peter Freuchen (S. 30) zu sehen, die ihn mehrmals auf seinen Reisen durch Grönland begleitete. Sie starb 1921 in Upernavik nach der fünften Thule-Expedition.

Der neue Friedhof liegt auf einer Anhöhe und ist daher ein schöner Aussichtspunkt. Die Toten in einem Grab unter der Erde zu bestatten, ist hier vom Klima her kaum möglich. Die Särge werden deshalb in einer dicht verschlossenen Schalung aus Beton eingelassen, auf den Boden gelegt und mit Natursteinen bedeckt.

Ein anderer wunderschöner Aussichtspunkt, mit Sicht auf den Fjord, die Bucht und die Ortschaft, ist der »Radiohügel«, den man in ca. 20 Minuten Fußmarsch erreicht.

Wer auf der Suche nach noch mehr Ursprünglichkeit ist, kann auch versuchen, eine der Außensiedlungen Upernaviks zu erreichen. Die sechs Siedlungen, Søndre Upernavik, Prøven, Augpilagtoq, Tasiussaq, Kraulshavn und Kuvdlorssuaq mit jeweils rund 200 Einwohnern, liegen bis zu 200 km von Upernavik entfernt und werden nur in unregelmäßigen Abständen von Versorgungsschiffen angelaufen. Die Rückreise in Richtung Süden kann dagegen weitaus bequemer und schneller zurückgelegt werden: Einmal pro Woche verkehrt ein Hubschrauber von Upernavik nach Ilulissat (Jakobshavn) und zurück, dessen Flugzeit mit Zwischenlandung in Umanaq 2 ½ Std. beträgt.

Nordgrönland

Thule
Lage
Thule auf dem 77. Breitengrad 70° West ist mit 550 Einwohnern die nördlichste Gemeinde der Welt. Die Siedlung ist selbst für grönländische Verhältnisse noch relativ jung: Erst 1953 zogen die Thule-Eskimos von ihrem ehemaligen Wohnort Thule (Dundas) in der Nähe der heutigen US-Airbase Thule 200 km weiter nach Norden, da der ständige Flugzeuglärm Robben und Vögel, die Lebensgrundlage der Gemeinschaft, verjagt hatte. Die neue Siedlung liegt nur 1393 km vom Nordpol entfernt, 2500 km trennen sie dagegen von der Südspitze Grönlands.
Den Namen Thule erhielt die Stadt von Knud Rasmussen und Peter Freuchen, die 1910 die Thule-Handelsstation gründeten. Die beiden Polarforscher bezogen sich bei ihrer Namensgebung auf den griechischen Geographen Pytheas von Massilia (d. h. aus Marseille), der im 4. Jh. v. Chr. ein Gebiet »sechs Tagesfahrten nördlich von Großbritannien« als *ultima Thule*, als nördlichstes Gebiet der Erde bezeichnet hatte.

Geschichte
Die heutigen Grönländer stammen alle von den Eskimos der Thule-Kultur ab (S. 24). Dieses asiatische Volk wanderte vor ca. 1000 Jahren über die Meerenge von Kanada ein und verdrängte auf seiner Wanderung nach Süden die Angehörigen der 1000 Jahre älteren Dorset-Kultur.
Die neuere Geschichte beginnt mit der Gründung der oben erwähnten Handelsniederlassung. Freuchen und Rasmussen hatten hier eine ideale Ausgangsbasis für ihre Forschungsreisen in den folgenden Jahren. Dennoch lebten die Polar-Eskimos in ihrer alten Jagdgemeinschaft nahezu unberührt von der Außenwelt, bis ihnen die große Weltpolitik

zum Schicksal wurde. Bei Ausbruch des Koreakriegs bauten die Amerikaner ausgerechnet in unmittelbarer Nachbarschaft der Thule-Eskimos einen Luftwaffenstützpunkt. Was sich dort im Sommer 1951 im Rahmen der Übung Blue Jay abspielte, ging über die Vorstellungskraft dieser jahrhundertelang hier ansässigen einfachen Menschen: Innerhalb von wenigen Wochen war in ihrem Jagdgebiet eine 6000-Mann-Festung entstanden, Tag und Nacht brausten Flugzeuge heran und erfüllten die friedliche Stille mit Motorenlärm. Zuerst zogen die Robben ab, dann die Eskimos die 200 km weiter nördlich eine neue Heimat fanden. Dieses neue Thule ist auch unter dem grönländischen Namen *Qanaq* bekannt.

Am 21. Januar 1968 ging der Name Thule erneut um die Welt, als ein amerikanisches Flugzeug mit vier Wasserstoffbomben an Bord 11 km südwestlich der Siedlung auf dem Eis zerschellte. Die Trümmer des Flugzeuges konnten glücklicherweise geborgen werden, ohne daß ein katastrophaler Schaden entstand. Doch gegenwärtig droht den Polar-Eskimos eine neue Gefahr. Unter dem Schock der Energiekrise drangen Forschungsteams auf der Suche nach Öl und Gas immer weiter in die Arktis vor, wo sie auf kanadischem Gebiet ein gigantisches Erdgasfeld ausmachten. Im Rahmen des Artic Pilot Project sollen diese Vorkommen mit Riesentankern nach Neuschottland (Kanada) transpor-

Walroß

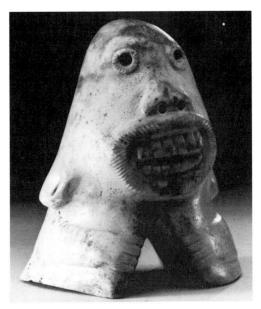

Tupilaq aus Walknochen von Ivar Majak aus Thule

tiert werden. Die Verwirklichung dieses Projekts könnte das Ende Thules bedeuten, denn bei meterdick gefrorenem Eis wären die Geräusche der Tanker unter Wasser viele Kilometer weit hörbar. Man weiß aber – nicht zuletzt aus der bitteren Erfahrung mit der US-Airbase Thule – daß Meerestiere auf jegliche Lärmeinwirkung äußerst empfindlich reagieren. Wale, Robben und Fischschwärme würden die lauten Gewässer verlassen und sich neue, ruhigere Reviere suchen. Damit wäre den Polar-Eskimos die Lebensgrundlage entzogen, denn ein Leben ohne Jagd ist für sie undenkbar. Thule – und mit ihm der Traum vom freien unabhängigen Leben in der Arktis – wäre am Ende.

Das Leben in Thule
Lebensgrundlage der Polareskimos ist hauptsächlich die Jagd auf den Seehund, der vom Boot aus oder am Eisloch erlegt wird. Seltener wird

ein Walroß erbeutet, dessen Fleisch als Hundefutter dient, während Haut und Hauer an den KNI verkauft werden. Die größte Herausforderung an das Geschick der Jäger ist jedoch der Eisbär, der auf wochenlangen weiten Schlittenfahrten bis hinein nach Kanada oder in die südlich gelegene Melville-Bucht verfolgt wird. Jedes Fell reicht für 2 bis 3 Eisbärfellhosen, die als Erkennungsmerkmal der Polar-Eskimos dienen und in ihrer Wärmewirkung durch nichts zu ersetzen sind.

Das Klima Thules ist hart, und nur in den Monaten Juni, Juli und August steigt das Thermometer ein wenig über den Gefrierpunkt. Der Winter bringt Spitzentemperaturen von −60°C, wobei die Durchschnittstemperatur im Januar und Februar −30°C beträgt. Dieser extremen Kälte ist es aber auch zu verdanken, daß während dieser Zeit keine Niederschläge zu verzeichnen sind. Nach vier Monaten Mitternachtssonne im Sommer setzt Mitte Oktober die bis Ende Februar währende Dunkelheit ein.

Einreise und Verkehrsverbindungen
Für die Einreise nach Thule ist eine Sondergenehmigung erforderlich, da der Ankunftsflughafen (Thule Airbase) militärisches Sperrgebiet ist. Solche Sondergenehmigungen sind mit Angabe des Reisezwecks frühzeitig bei der amerikanischen oder dänischen Botschaft zu beantragen.

Die Anreise erfolgt entweder mit US-Maschinen oder via Søndre Strømfjord. Schiffsverbindungen durch Frachtschiffe sind langwierig und selten. Die Weiterreise von der Thule Airbase Dundas − wo nur so lange als notwendig verweilt werden darf − nach Thule erfolgt mit dem Hubschrauber. Unterkunftsmöglichkeiten bieten ein kleines Hotel in Qanaq mit 10 Betten sowie die Nuna-Tek-Hütten mit weiteren 5−10 Schlafplätzen. Die fünf zur Gemeinde gehörenden Siedlungen, Saviksivik, Moriussaq, Qeqertat, Qeqertarssuaq und Siorapaluk mit zusammen rund 300 Einwohnern, sind für Touristen kaum erreichbar.

Peary Land

Ausgerechnet ganz oben im Norden und nicht − wie eigentlich zu erwarten wäre − im Süden befindet sich das größte eisfreie Gebiet Grönlands, Peary Land, benannt nach dem Admiral Peary, der am 6. April 1909 zusammen mit Polar-Eskimos den Nordpol erreichte. Es umfaßt eine Fläche von insgesamt 42 000 km². Seine Nordspitze, das

Kap Morris Jesup auf 84° nördlicher Breite, ist gleichzeitig das nördlichste Stück Festland der Erde: Zum Nordpol sind es von hier aus nur noch 740 km.

Trotz dieser Nähe zum Pol werden im Sommer in Peary Land während einer zweimonatigen eisfreien Zeit Durchschnittstemperaturen von +6°C gemessen. Dieses Klima macht es möglich, daß von 500 in Grönland vorkommenden Pflanzenarten allein 100 in dieser extrem nördlichen Gegend gefunden wurden. Bei derartigen Umweltbedingungen dauert es allerdings oft Jahre, ehe sich eine Pflanze vom Keim bis zur Blüte entwickelt hat. Ca. 1000 v. Chr. hatten sich, wie archäologische Funde zeigten, sogar Menschen in Peary Land angesiedelt. Man rechnet diese verschwundenen Siedler der sogenannten Independence II-Kultur zu, die vor allem in Kanada zahlreiche Spuren hinterließ. Die grönländische Küste ist zwischen Thule und Peary Land nur durch eine 26 km breite Meeresstraße von seinem westlichen Nachbarn getrennt. Der Besuch von Peary Land ist nicht möglich, da es keinerlei öffentlich zugängliche Verkehrsmittel in den hohen Norden Grönlands gibt.

Plastik des Eskimokünstlers Sam Nashalietook

Ostgrönland

Natur und Geschichte

Ostgrönland ist ein riesiges, fast menschenleeres Gebiet. Ein Blick auf die Landkarte mag dies verdeutlichen: Die äußersten Punkte, Kap Farvel im Süden und Kronprins Christian Land im Norden sind ca. 3000 km voneinander entfernt. Nur 3200 Menschen leben in dieser Region der Insel, verteilt auf die beiden Gemeinden Angmagssalik und Scoresbysund. Von diesen beiden Orten und einigen weiteren dünn besetzten Wetterstationen abgesehen, ist die gesamte Ostküste unbewohnt.

Die Natur Ostgrönlands ist rauh und wild. Die meiste Zeit des Jahres macht das gefrorene Meer jede Schiffahrt unmöglich, und selbst in der kurzen Sommerperiode zieht ein breiter Eisgürtel, der Großeis oder auch *Storis* genannt wird, an der Küste entlang und gefährdet die Schiffe. An vielen Stellen kalben die Gletscher direkt ins Meer, und die zerklüfteten Berge erreichen nahe der Küste bereits Höhen von über 3000 m. Hier finden sich die höchsten Berge Grönlands, der 3733 m hohe Gunnbjørns Fjeld, ca. 400 km nördlich von Angmagssalik, und das Gebirgsmassiv der Stauningsalpen, nordwestlich von Scoresbysund, mit zahlreichen noch unbestiegenen Gipfeln.

Kalt und rauh ist auch das Klima an der Ostküste. Die Durchschnittstemperatur in Angmagssalik beträgt im Februar −10°C, im August +3°C; in Scoresbysund zeigt das Thermometer auch im Sommer selten Werte über dem Gefrierpunkt an. Besonders im Februar treten oft orkanartige Winde mit großer Zerstörungskraft auf, die die Menschen von Angmagssalik *piteraq* nennen. Einer dieser Stürme zerstörte am 10. Februar 1970 große Teile der Stadt mit solcher Wucht, daß Menschen und Tiere wie Federn in die Luft gehoben wurden. Die Lage Angmagssaliks knapp unter dem Polarkreis sorgt im kurzen Sommer mit annähernd 24 Stunden Sonnenschein aber auch für eine ungeahnte, plötzlich auftretende Entfaltung der Natur. Kaum zu glauben, aber Hunderte von Pflanzen grünen dann auf dem kurz zuvor noch gefrorenen Boden.

Durch Hinweise der Wikinger wußte die europäische Welt bereits seit 1000 n. Chr., daß irgendwo an der Ostküste Grönlands Menschen leben. Zuerst machte man sich nicht die Mühe, sie zu suchen, später mußte man jedoch eingestehen, daß man sie nicht finden konnte – das Gebiet war einfach zu groß und unzugänglich. Erst 1884 entdeckte der dänische Marineoffizier Gustav Holm in der Gegend von Angmagssalik eine kleine Eskimogemeinschaft. 413 Menschen lebten dort ohne Kontakt zur Außenwelt. Gustav Holm verbrachte während dieser »Frauenbootexpedition« – benannt nach dem aus Leder gearbeiteten grönländischen Frauenboot Umiak, das als Transportmittel diente – den Winter in Angmagssalik. Er studierte die Gewohnheiten der Eskimos und trug mit zur Erforschung ihrer Vergangenheit bei.

Als eine Hungersnot in den Folgejahren die Einwohnerzahl der Siedlung auf 294 Menschen verringerte, entschloß man sich, eine Handelsstation zu gründen, um die Versorgung der Eskimos zu gewährleisten. Dank dieser Einrichtung war der Fortbestand der Gemeinschaft gesichert, doch die Gründung der Angmagssalik-Kolonie im Jahre 1894 bedeutete gleichzeitig das langsame Absterben der alten Eskimo-Kultur.

Dennoch ist es der langen Abgeschiedenheit der hier lebenden Bevölkerung zu verdanken, daß sich im Ostteil der Insel bis heute die eskimoische Denk- und Lebensweise weit stärker erhalten hat als im übrigen Grönland. Nach außen hin sichtbar wird diese größere Traditionsgebundenheit in der kunstvollen Verzierung der Jagdgeräte, dem Festhalten an der traditionellen Kleidung und in dem stark ausgeprägten Sinn für kunsthandwerkliche Arbeiten.

Im Gegensatz zur unbekannten Vorgeschichte Angmagssaliks ist die Entstehung der Siedlung Scoresbysund genau bekannt: Erst 1925 wurde dieser jüngste Ort Grönlands von Bewohnern Angmagssaliks gegründet, die in der 1100 km entfernten Siedlung bessere Jagdmöglichkeiten fanden.

Angmagssalik und die Siedlungen
Der Name der Stadt Angmagssalik stammt von einem kleinen Lachs, der in der nahe gelegenen Bucht sehr zahlreich vorkommt und einem Großteil der knapp 1500 Einwohner zum Lebensunterhalt dient.

Obwohl Angmagssalik sich zum Verwaltungs- und Versorgungszentrum Ostgrönlands entwickelt hat, ist ihm alles Steife oder gar Bürokratische fremd: Der Besucher wird im Sommer überall trocknende Seehundfelle bemerken, er kann beobachten, wie Fleisch und Fisch verarbeitet und für den Verkauf vorbereitet werden, oder den Menschen bei vielen althergebrachten kunsthandwerklichen Techniken über die Schulter schauen. Im Winter ist hier noch mehr als an der Westküste der Hundeschlitten im Einsatz und verdeutlicht das Fortleben eskimoischer Tradition.

Das örtliche Hotel bietet auch für einen längeren Aufenthalt eine bequeme Unterkunft, in mehreren Geschäften kann man sich mit Artikeln des täglichen Bedarfs versorgen. Das Hotel hilft auch bei der Durchführung von Ausflügen und organisiert z. B. Hubschrauberflüge über das Inlandeis, Bootsfahrten durch die eisgefüllten Gewässer oder Wanderungen ins sogenannte »Blumental«, wo annähernd 50 arktische Pflanzen wachsen, deren überraschende Pracht wohl jeden Betrachter begeistert. Lohnend ist auch ein Ausflug mit dem Versorgungsboot in die neun zur Kommune Angmagssalik gehörenden Siedlungen, die nördlich und südlich verstreut entlang der Küste liegen.

Angmagssalik , auch als *Tasiilaq* bekannt, ist durch zahlreiche Flugverbindungen leicht erreichbar. Die SAS fliegt einmal pro Woche ab Kopenhagen nach Kulusuk, dem Flughafen des Angmagssalik-Bezirks, von dem aus man mit dem Hubschrauber oder einem Boot in die Stadt gelangt. Zweimal in der Woche erreicht man Angmagssalik auch von Søndre Strømfjord aus. Während der Sommermonate besteht außerdem mehrmals in der Woche die Möglichkeit, von Keflavik (Island) nach Kulusuk zu fliegen. Die isländische Fluglinie Icelandair bietet diese Reise sowohl als Tagesausflug als auch im Rahmen eines mehrtägigen Besuchsprogramms an. Einmal in der Woche kann man von Søndre Strømfjord aus über Kulusuk die amerikanische Basis Mesters Vig anfliegen, die ca. 200 km nördlich von Scoresbysund liegt. Die Weiterreise nach Scoresbysund erfolgt von dort aus mit dem Hubschrauber. Jedes Jahr laufen auch mehrere Versorgungsschiffe von Dänemark aus die Wohnorte und Wetterstationen der Ostküste an allerdings ist das Platzangebot für eine solche Schiffspassage sehr begrenzt. Nähere Informationen erteilt das KNI-Büro in Kopenhagen (S. 203).

Für Ausflüge in die Umgebung steht neben dem wöchentlich verkehrenden Versorgungsboot in die Außensiedlungen ein 42-Fuß-Kutter bereit, den man mieten kann. Solche Exkursionen werden jedoch häufig durch dichtes Packeis behindert. Alle Siedlungen werden allerdings auch regelmäßig von Helikoptern der Grønlandsfly angeflogen.

Ausflüge
Kungmiut
Kungmiut (»die Flußbewohner«) liegt tief in Inneren des Fjordes, der nördlich von Angmagssalik ins Land einschneidet, und ist mit 450 Einwohnern die größte Außensiedlung. Die mit Fisch und Speck behängten Holzgerüste zeugen von der Betriebsamkeit der Bewohner. In der Fischfabrik sind viele Frauen mit dem Einsalzen und Stapeln der Fische beschäftigt, die dann in großen Ballen verpackt nach Dänemark verschifft werden. Man erreicht Kungmiut nach 4 Stunden Fahrt mit dem Bezirksschiff, das einmal pro Woche verkehrt.

Ikateq
Die Siedlung Ikateq (»das dunkle Wasser«) ist mit nur 50 Einwohnern einer der kleinsten Wohnplätze. Während des Zweiten Weltkriegs bauten die USA hier in aller Eile einen 2000 Mann starken Luftstützpunkt, was zur Folge hatte, daß zu jener Zeit mehr Amerikaner als Grönländer an der Ostküste lebten. Heute ist das Lager verlassen, und die Natur bemüht sich mit Hilfe von Wind, Salz und Wasser, die zurückgelassenen Tankanlagen und Autos zu beseitigen.

Kap Dan und die übrigen Siedlungen
Die Siedlung Kap Dan am Südende der gleichnamigen Insel ist vom Flughafen Kulusuk aus zu Fuß in rund 40 Min. zu erreichen. Noch vor wenigen Jahren konnte der Besucher die Einwohner häufig am Strand beobachten, wo sie kräftige, vom Eis blankgeschliffene Baumstämme aus dem Meer holten – und dies, obwohl es im weiten Umkreis der Siedlung keinerlei Waldbestände gibt. Dieses von den großen Flüssen Sibiriens stammende Holz wird von der Meeresströmung an Grönlands Küste vorbeigetrieben – ein Phänomen, das die Phantasie vieler Forscher angeregt hat. Fridtjof Nansen entwickelte aus solchen Beobachtungen seine Theorie der Polardrift, die er später bei seiner legendären Fram-Expedition zu bestätigen hoffte. Nansen ließ sich dabei mit seinem Schiff gleich einem Holzstamm im Eis einfrieren und hoffte, auf diese Weise mit dem Eis durch das Meer zum Nordpol driften zu

können. Seine Erwartungen bestätigten sich jedoch nur teilweise, da er zu weit ab einer geeigneten Strömungslinie ins Eis geriet und deshalb den Pol nicht erreichen konnte.

Qernertuarssuit (»das schwarze Gebirge«) mit seinen 20 Einwohnern ist die kleinste Siedlung in der Umgebung Angmagssaliks, in der es weder eine Elektrizitäts- noch eine Wasserversorgung gibt. Wie auch die anderen Außensiedlungen, **Tiniteqilaq** (»der trockene Schall«), **Sermiliaq** (»schöner Gletscherfjord«) und **Isortoq** kann man Qernertuarssuit einmal in der Woche mit dem Versorgungsboot erreichen. Dabei sollte man vorher wissen, daß in allen diesen Siedlungen nur im eigenen Zelt übernachtet werden kann und auch die benötigte Verpflegung zur Sicherheit mitgebracht werden sollte. Der Dänische Wanderverein führt alljährlich Wanderungen in der Umgebung von Angmagssalik durch, bei denen auch diese kleinen Ortschaften teilweise berührt werden.

Scoresbysund

Die Gemeinde Scoresbysund liegt an der Spitze der großen Halbinsel Scoresby Land, die in die Mündung des gleichnamigen und mit 314 km längsten Fjordes der Welt hineinragt. Der Ort wurde erst 1925 von 100 Einwohnern des 1100 km weiter südlich gelegenen Angmagssalik gegründet. Auf der Suche nach neuen Jagdgebieten fand man hier ideale Voraussetzungen, denn mit Robben, Eisbären und Moschusochsen ist die Umgebung des Ortes eines der besten Jagdgebiete im ganzen Land. Neben der Stadt mit ihren 350 Einwohnern gehören noch das westlich gelegene **Kap Hope** (50 Einw.) und das südlich gelegene **Kap Tobin** (70 Einw.) zur Gemeinde Scoresbysund. In Kap Tobin befindet sich eine Rundfunkstation. Während der Winterzeit, die hier oft Schneehöhen von über fünf Metern mit sich bringt, kommt es vor, daß die Siedlungen wochenlang von der Umwelt abgeschnitten sind. Die Verbindung zur Außenwelt stellt in diesem Fall das 200 km nördlich gelegene **Mesters Vig** dar. Dort, in der Nähe des **Kong Oscar Fjords**, befindet sich eine Wetterstation mit Flughafen.

Nördlich von Scoresbysund erstreckt sich bis hinauf zum **Petermann-Gletscher** in Nordostgrönland der größte Nationalpark der Welt. Neben Moschusochsen, Schneehasen, Polarfüchsen und einzelnen Polarwölfen leben hier ca. 1500 Eisbären. Außer Mesters Vig gibt es innerhalb des Nationalparks nur noch die Wetterstation **Danmarks-**

havn und den kleinen Militärstützpunkt **Daneborg**, wo die Männer der Sirius-Schlittenpatrouille stationiert sind.

Ein Besuch Scoresbysunds ist wegen der schlechten Verkehrsverbindungen, den fehlenden Übernachtungsmöglichkeiten und dem eng auf die Bewohner zugeschnittenen Warenangebot nur bei sehr guter Vorbereitung zu empfehlen. Eine neu eingerichtete Flugverbindung der Grønlandsfly ab Reykjavik könnte für die Zukunft auch den Tourismus beleben.

Eistaucher zwischen Moschusochsen des Eskimokünstlers Pudlo Pudlat

Reise-Informationen von A bis Z

Auto
Zur Zeit gibt es in ganz Grönland etwa 3000 Kraftfahrzeuge. Diese Zahl setzt sich zusammen aus 250 Taxen, 25 Krankenwagen, 1500 Personenwagen, 30 Bussen, 100 Motorrädern und 1000 Lastwagen. Das Straßennetz umfaßt, inklusive aller Feldwege, ca. 160 km. Mit Ausnahme der Straße zwischen Ivigtut und der Militärstation Grønnedal ist kein Ort mit einem anderen durch eine Straße verbunden.

Camping
Campingplätze, die mit europäischen Einrichtungen vergleichbar wären, gibt es in Grönland nur wenige. Viele Ortschaften sind in den letzten Jahren jedoch dazu übergegangen, ein bestimmtes, außerhalb der bebauten Flächen liegendes Gebiet als Campingplatz auszuweisen. Der Boden ist dort meist bewachsen und eben, ein Fluß für Trink- und Waschwasser nicht weit. (Das Wasser aller grönländischen Flüsse und Bäche kann bedenkenlos getrunken werden.) Da sanitäre Einrichtungen zumeist fehlen, hilft in größeren Städten der Fremdenverkehrsverein, dem Camper eine Dusche zu ermöglichen.
Nimmt man diese Unannehmlichkeiten in Kauf, so ist eine Reise mit dem eigenen Zelt sicher die beste Möglichkeit, das Land kennenzulernen, denn viele Siedlungen verfügen weder über Hotels noch über Privatzimmer, so daß nur der Camper auf Dauer von Übernachtungssorgen befreit ist. Eine gewisse körperliche Fitness ist für diese Art zu reisen allerdings erforderlich, denn häufig muß man die Ausrüstung mangels anderer Möglichkeiten auf dem Rücken tragen.
Zur Campingausrüstung sollte ein Doppeldachzelt, eine dicke Schaumstoffunterlage und ein guter Schlafsack gehören.

Devisen
Siehe Währung

Einreise- und Aufenthaltsbestimmungen

Die Einreise- und Aufenthaltsbestimmungen Grönlands entsprechen den für Dänemark geltenden Regelungen. Für Bürger aus EG-Staaten genügt der Personalausweis, ebenso für Österreicher und Schweizer. Wer länger als drei Monate in Grönland bleiben möchte, muß einen entsprechenden Antrag bei einer Polizeidienststelle stellen, wobei auf jeden Fall der Reisepaß vorzulegen ist.
Soll die Reise in die militärischen Sperrzonen von Thule oder Søndre Strømfjord führen, so muß bei der zuständigen dänischen oder amerikanischen Botschaft frühzeitig eine Sondergenehmigung beantragt werden. Dies gilt nicht, soweit Søndre Strømfjord nur als Transitflughafen für andere Orte Grönlands dient. Außerdem ist eine derartige Genehmigung auch für Bergsteiger, Polarforscher und sonstige Reisende erforderlich, die zu archäologischen oder geologischen Studien nach Grönland reisen wollen. Nähere Auskünfte erteilt des Dänische Fremdenverkehrsamt (S. 202).

Feiertage (offizielle)

---

1. 1.	Neujahrstag
6. 1.	Heilige Drei Könige
5. 6.	Verfassungstag
21. 6.	Nationalfeiertag Ullortuneq (»der längste Tag«)
24. 12.	Heiligabend
25./26. 12.	1. und 2. Weihnachtstag
31. 12.	Silvester

Hinzu kommen noch die beweglichen Feiertage Gründonnerstag, Karfreitag, Ostermontag, Bußtag (4. Freitag nach Ostern), Christi Himmelfahrt und Pfingstmontag.
Außerdem gibt es natürlich noch lokale Festtage und Veranstaltungen. In Ilulissat (Jakobshavn) wird z. B. um den 13. Januar herum die Rückkehr der Sonne nach der Polarnacht gefeiert. Gegen Ostern finden in mehreren nordgrönländischen Städten Hundeschlittenrennen statt, während in Südgrönland im Sommer Schafzüchterwettbewerbe veranstaltet werden.

Fotografieren
Da in kleineren Ortschaften Grönlands der Kauf speziellen Filmmaterials oft schwierig ist, empfiehlt es sich, einen ausreichenden Vorrat mitzubringen. Bei allen Landschaftsaufnahmen ist es ratsam, bei Schwarzweiß-Aufnahmen einen Gelbfilter und bei Farbaufnahmen einen UV- oder Polarisationsfilter zu verwenden, da Eis und Schnee, Wasser und Luft bei außergewöhnlich reiner Luft und hellem Licht dominieren; auch eine Gegenlichtblende ist empfehlenswert. Das Fotografieren militärischer Anlagen, insbesondere bei Thule und Søndre Strømfjord, ist generell untersagt. Ebenfalls verboten ist das Fotografieren in Kirchen während des Gottesdienstes oder anderer religiöser Handlungen.

Geschäftszeiten
Geschäfte: Die meisten Geschäfte haben montags bis donnerstags von 9–17.30 Uhr, freitags von 9–19 Uhr und samstags von 9–12 oder 13 Uhr geöffnet. Man findet jedoch auch private Läden, die bis spät in die Nacht und auch an Sonntagen geöffnet sind, da es in Grönland kein Ladenschlußgesetz gibt.
KNI-Niederlassungen, Büros, Banken u.a.: montags bis freitags 9–12 und 13–16 Uhr. Außerhalb dieser Öffnungszeiten sind die KNI-Büros oft auch bei Ankunft oder Abfahrt eines Küstenpassagierschiffs besetzt.

Gesundheitliche Vorsorge
In Grönland gibt es keine anderen Krankheiten als in Mitteleuropa. Die Versorgung mit Medikamenten entspricht dem bei uns üblichen Standard, Spezialpräparate sollten jedoch zur Sicherheit mitgebracht werden. In jeder Stadt gibt es ein Krankenhaus, in dem man auch evtl. benötigte Arzneien erhält. Die medizinische Versorgung ist mit Ausnahme zahnärztlicher Behandlungen bei Vorlage eines für Dänemark gültigen Krankenscheines (EG-Formular 111) unentgeltlich. Wegen der Rückerstattung evtl. anfallender Kosten sollte jeder Grönlandreisende Rücksprache mit seiner Krankenversicherung nehmen. Da z.B. Rettungsflüge sehr kostspielig sein können, ist auch eine Zusatzversicherung in Betracht zu ziehen.
Wer Liebesabenteuer sucht, sollte nicht vergessen, daß 1985 ca. 10 000 Fälle von Tripper (Gonorrhöe) gemeldet wurden, was bedeutet, daß ein Fünftel der Bevölkerung geschlechtskrank ist!

Führt die Reise in den Sommermonaten nach Südgrönland, so ist dringend die Mitnahme eines guten Insektenschutzmittels anzuraten. Im Inneren der windgeschützten Fjorde wimmelt es an manchen Tagen geradezu von Mücken und Fliegen, gegen die oft nur ein Mückennetz (Löcher kleiner als 1,5 mm) ausreichenden Schutz bietet. Ebenso wichtig ist eine Sonnencreme mit starkem Lichtschutzfaktor, denn 24 Stunden Sonne, etwa im Bereich der Disko-Bucht, hinterlassen sonst bei ungewöhnlich klarer Luft und der Reflektion von Meer und Eis schnell ihre Spuren. Ein Schutzmittel für die Lippen und eine Sonnenbrille sollten ebenfalls greifbar sein. Der ständige Wind und die geringe Luftfeuchtigkeit bewirken bei vielen Besuchern verstärkten Durst. Wasser, das billigste und am leichtesten verfügbare Gegenmittel, kann man unbedenklich aus Bächen und Flüssen trinken, denn Grönland rühmt sich des saubersten Wassers der Erde. Für längere Wanderungen in abgelegene Gebiete sind Mullbinden, Schmerzmittel etc. wichtige Bestandteile der Ausrüstung, außerdem sollten Kenntnisse in Erster Hilfe vorhanden sein.

Magenverstimmungen wegen fremder Ernährungsgewohnheiten sind in Grönland gewöhnlich kaum zu erwarten. Die Speisen in den Restaurants sind zum Großteil nach dänischer Art zubereitet und daher unseren Mägen wohlvertraut. Gewisse Schwierigkeiten können wegen des hohen Fettgehalts allerdings beim Verzehr grönländischer Gerichte entstehen (siehe Speisen und Getränke, S. 191).

Die großen Küstenschiffe verfügen über eigene Krankenräume für ernsthafte gesundheitliche Probleme. Einer aufkommenden Seekrankheit kann man durch Einnahme entsprechender Mittel selbst abhelfen. (»Alte Hasen« schwören auf einen fettfreien, vollen Magen und auf Bier.)

Hotels
Siehe Unterkunft

Information
Informationen erteilen die Fremdenverkehrsbüros der Orte:
Angmagssalik Turistforening, Tel. 1 80 70, Fax 1 84 71; Postanschrift: Box 14, DK–3913 Angmagssalik
Ausiait Turistforening, Niels Egedes Plads, Tel. 4 21 30, Fax 4 21 19; Postanschrift: Box 28, DK–3950 Ausiait (Egedesminde)

Ilulissat Turistservice, Knud Rasmussens Hus, Tel. 4 32 46, Fax 4 42 80; Postanschrift: Box 272, DK – 3952 Ilulissat (Jakobshavn)
Kangatsiaq Turistforening, Tel. 4 00 77; Postanschrift: DK – 3955 Kangatsiaq
Manitsok Turistforening, Tel. 1 32 77, Fax 1 38 77; Postanschrift: Box 100, DK – 3912 Manitsok (Sukkertoppen)
Nanortalik Turistforening, Tel. 3 34 41, Fax 3 34 42; Postanschrift: Box 116, DK – 3922 Nanortalik
Narssaq Turistkontor, Niels Bohrs Plads, Tel. 3 13 25, Fax 3 11 79; Postanschrift: Box 148, DK – 3921 Narssaq
Nuuk Turistforening, Skibshavnsvej B 19, Tel. 2 27 00, Fax 2 27 10; Postanschrift: Box 199, DK – 3900 Nuuk (Godthåb)
Qaqortoq Turistforening, Storesøvej B 26, Tel. 3 84 44, Fax 3 84 95; Postanschrift: Box 128, DK – 3920 Qaqortoq (Julianehåb)
Qasigianguit Turistforening, Tel. 4 52 77, Fax 4 53 77; Postanschrift: DK – 3951 Qasigianguit (Christianshåb)
Sisimiut Turistforening, Frederik IX's Plads 3, Tel. 1 48 48, Fax 1 56 22; Postanschrift: Box 65, DK – 3911 Sisimiut (Holsteinsborg)
Umanaq Turistudvalg, Tel. 4 85 18, Fax 4 82 62; Postanschrift: Box 70, DK – 3961 Umanaq

Die Informationsstellen in Narssarssuaq und Søndre Strømfjord sind nur in der Zeit vom 15.6. bis 31.8. jeweils im Anschluß an Flüge aus Kopenhagen geöffnet. Mit Fragen bezüglich der Verkehrsverbindungen innerhalb Grönlands kann man sich an das KNI-Reisebüro in Nuuk, Aqqusinersuaq, Tel. 2 12 05, Postanschrift: Box 1008, DK – 3900 Nuuk, wenden. Auskünfte erteilt auch das Büro der Grønlandsfly in Nuuk, Tel. 2 44 88; Postanschrift: Box 1012, DK – 3900 Nuuk, oder die Vertretung in Dänemark (Vgl. Wichtige Anschriften für deutschsprachige Besucher, S. 203)

Jugendherbergen
Jugendherbergen gibt es in Qaqortoq (Julianehåb), Narssaq, Nanortalik, Sisimiut und Narsarssuaq. Sie haben von Mitte Juni bis Ende August geöffnet, die Übernachtungsgebühr beträgt ca. 30 DM. Der Besucher sollte möglichst einen eigenen Schlafsack mitbringen und sich wegen des beschränkten Platzangebots beim Dänischen Wanderverein vormerken lassen. Die Jugendherbergen verfügen auch über

Kochgelegenheiten. Ortskundige Betreuer geben Auskünfte über Wandermöglichkeiten in der Umgebung.

Karten

Zur Schaffung eines ersten Überblicks über geographische Gegebenheiten eignen sich zwei vom Dänischen Fremdenverkehrsamt herausgegebene Faltkarten, die die touristischen Hauptgebiete der Insel, Südgrönland und die Disko-Bucht, im Maßstab 1 : 250 000 bzw. 1 : 300 000 wiedergeben und auf der Rückseite zusätzliche Informationen enthalten. Sie werden auf Anforderung von den Dänischen Fremdenverkehrsämtern (s. Wichtige Anschriften für deutschsprachige Besucher, S. 202) zugeschickt.
Wegen des teilweise schwierigen Geländes sind diese Karten für die Vorbereitung längerer Wanderungen jedoch ungeeignet. Hier empfiehlt sich für das Gebiet Narsarssuaq, Narssaq und Qaqortoq (Julianehåb) eine Karte im Maßstab 1 : 100 000, die über den Dänischen Wanderverein oder die grönländischen Fremdenverkehrsbüros zu beziehen ist. Über weitere Karten Westgrönlands verfügt das Geodätische Institut der Universität Kopenhagen (Postanschrift: Rigsdagsgården 7, DK–1218 Kopenhagen K), das auch Gesamtkarten im Maßstab 1 : 5 000 000 und 1 : 2 500 000 bereithält. Touristisch weniger interessante Stadtkarten im Maßstab 1 : 2000 und geologische Spezialkarten runden das Angebot ab. (siehe auch S. 215)

Kleidung

Da das Wetter in Grönland sehr schnell umschlagen kann, sollte man seine Kleidung dementsprechend wählen. Auf keinen Fall dürfen ein dicker Pullover, eine wasserdichte Jacke und eine Wollmütze fehlen. Da an warmen Sommertagen das Thermometer auf 25°C ansteigt, sollte auch »echte« Sommerkleidung im Gepäck vorhanden sein. Wichtig sind außerdem eine gute Sonnenbrille, bei Wanderungen evtl. ein Mückennetz und festes Schuhwerk. Zum Durchwaten von Bächen eignen sich Gummistiefel oder Turnschuhe, die schnell trocknen. Im Sommer wie im Winter hat sich der Grundsatz bewährt, daß es praktischer und angenehmer ist, zwei dünnere Pullis statt eines dicken zu tragen.
Bei einer Winterreise gilt es, die Kleidung den extremen Minustemperaturen anzupassen. Bei der Ankunft am Flughafen in Søndre

Strømfjord kann es bis zu −50°C kalt sein! Zur Ausrüstung gehören Angora-Unterwäsche, Daunen- oder Thermokleidung und gefütterte Stiefel. Alle Kleidungsstücke sollten nicht zu eng sitzen, damit sich eine isolierende Luftschicht bilden kann. Auch diese warme Bekleidung wird jedoch für längere Schlittenfahrten nicht ausreichen, so daß an Ort und Stelle Fellbekleidung ausgeliehen werden muß.

Elegante Kleidung kann bei einer Grönlandreise getrost zu Hause bleiben, sie ist in diesem Land nur äußerst selten angebracht.

Lebenshaltungskosten

Die Lebenshaltungskosten liegen wegen des aufwendigen Transports der meisten Waren etwa 20 % über den dänischen und etwa 30 % über den deutschen. Wesentlich teurer als bei uns sind die Preise für eine Unterkunft sowie für alkoholische Getränke und Tabakwaren. Die Preise für Artikel des Grundbedarfs entsprechen jedoch ungefähr dem gewohnten Niveau, wobei das Angebot im allgemeinen überraschend reichhaltig ist und z.B. auch Ananas und Zitronen umfaßt. Wesentlich preiswerter als in Mitteleuropa sind alle Fischereiprodukte. Bei Reisen innerhalb Grönlands schlagen die Schiffs- und Hubschrauberverbindungen spürbar zu Buche. Bei wetterbedingten Verzögerungen muß der Reisende selbst für die entstehenden Mehrkosten für Unterkunft und Verpflegung aufkommen. Für ein Frühstück in Restaurants oder Cafeterias muß man ca. 15 DM rechnen, ein Mittag- oder Abendessen läßt sich mit rund 30 DM veranschlagen.

Maße und Gewichte

In Grönland gilt das metrische System.

Mitternachtssonne

Nördlich des Polarkreises kann man die Mitternachtssonne erleben d.h. 24 Stunden Sonnenschein. Die Dauer hängt vom Breitengrad ab. Zur Beobachtung der Mitternachtssonne ist vor allem die touristisch gut erschlossene Disko-Bucht geeignet. Südlich davon ist die Sonne nur von den Bergen aus auch abends sichtbar.

Das Gegenteil, eine richtige Polarnacht, kann nur im nördlichsten Grönland erlebt werden. In der Disko-Bucht herrscht im Winter noch trübes Dämmerlicht. Der Tag, an dem die Sonne wieder über den Horizont kommt, wird von der Bevölkerung ausgelassen gefeiert.

Post und Telefon
Eine Postkarte von Grönland nach Dänemark oder in ein anderes EG-Land kostet 4 dkr, ein Brief 5 dkr. Je nach Aufgabeort dauert die Beförderung zwischen 5 und 15 Tagen, wobei Briefkästen nur wenig gebräuchlich sind, Abgabestelle aller Sendungen ist vielmehr das Postamt, in kleineren Siedlungen auch das Büro des KNI. Die grönländische Postverwaltung gibt sehr schöne Briefmarken mit grönländischen Motiven heraus, die beliebte Sammlerobjekte sind. Information: Grønlands Postvæsen (Greenland's Post Office), Postbox 100, DK–1004 Kopenhagen K.
Telefonverbindungen bestehen zwischen allen Orten der Westküste sowie nach Angmagssalik in Ostgrönland, nach Dänemark und in andere Länder. Grönland kann aus der Bundesrepublik direkt angewählt werden (Landesvorwahl 00299 + Teilnehmernummer; Gesprächseinheit 4,42 Sekunden). Ein dreiminütiges Gespräch in die Bundesrepublik kostet derzeit ca. 70 dkr. Kleinere Ortschaften verfügen oft nur über einen einzigen Telefonanschluß, der sich dann im Büro des KNI befindet.

Reisezeit
Die Wahl des richtigen Zeitpunkts einer Grönlandreise hängt vor allem von der Zielsetzung eines solchen Aufenthalts ab. Wenn man Wander- oder Angelferien plant, liegt die vom Klima her günstigste Reisezeit zwischen Mai und Oktober, wobei wegen der langen Tage und der angenehmen Temperaturen ein Aufenthalt zwischen Mitte Juni und Ende August besonders empfehlenswert ist. Die Küstenschiffe stellen dann günstige Verkehrsverbindungen her, und nördlich von Sisimiut (Holsteinsborg) steht die Sonne 24 Stunden am Himmel. Auch Grönlands Pflanzenwelt zeigt sich während dieser Monate in ihrer ganzen überraschenden Vielfalt.
Wer sich vom Winter in Grönland nicht abschrecken lassen und gerne einmal an einer Hundeschlittenfahrt teilnehmen möchte, hat von Mitte Januar bis Mitte April in der Region nördlich von Sisimiut (Holsteinsborg) dazu Gelegenheit. Während dieses Zeitraums, in den gleichzeitig auch die Saison des Eisfischens fällt, präsentiert sich Grönland so, wie es der Besucher nach der Lektüre alter Eskimogeschichten erwartet. In diese Atmosphäre sind allerdings auch Minustemperaturen bis zu –40°C inbegriffen – ein Minus im wahrsten Sinn des Wor-

tes. Die Küstenschiffahrt ruht während dieser Jahreszeit, und auch die Hubschrauberverbindungen werden häufig durch die Witterungsverhältnisse gestört. Eine durchorganisierte Reise mit festen Terminplanungen ist während dieser Monate also kaum möglich. Ein Winteraufenthalt vermag jedoch weit stärker als jeder andere dem Besucher grönländische Lebensweisen und die starke traditionelle Verwurzelung der Bewohner vor Augen zu führen.

Souvenirs
Zu den beliebtesten Souvenirs gehören die grönländischen Specksteinarbeiten. Meist schneiden die Künstler Szenen des täglichen Lebens in den weichen Stein, wie etwa einen über den erlegten Seehund gebeugten Eskimo oder eine Frau in Festtracht. Nicht das Detail ist bei diesen Arbeiten entscheidend, sondern die abgerundete Gesamtdarstellung, die der Figur Kraft, Bewegung und Spannung verleiht. Faszinierend sind auch die geschnitzten *tupilaq*-Figuren, die dem alten Geisterglauben an gute und böse Mächte in der Natur entstammen. Den grotesken Dämonenfiguren, halb Mensch, halb Tier, sagt man die Kraft nach, Feinde vom jeweiligen Besitzer abzuwehren. Eine mißlungene Darstellung des Tupilaq aber soll sogar die Fähigkeit besitzen, sich an seinem unglücklichen Schöpfer zu rächen und diesen in tiefste Qualen zu stürzen. Besonders im Ostteil der Insel, wo die Menschen länger in völliger Abgeschiedenheit lebten, werden heute noch viele Tupilakken aus Knochen und Walzähnen geschnitzt.
Kleine maßstabsgetreue, aus »echten« Materialien hergestellte Kajakmodelle werden nicht nur für die Touristen angefertigt, sondern dienen auch den Kindern Grönlands als Spiel- und Lernmittel. Eine schöne Erinnerung erwirbt man auch mit den kunstvoll gearbeiteten Stickereien aus bunten Perlen, die normalerweise Bestandteil der grönländischen Nationaltracht sind. Gleiches gilt für die *kamiks*, die traditionellen Stiefel aus Seehundhaut, die zudem noch den Vorteil haben, daß sie auch in einem europäischen Winter wärmende Dienste tun. Wer sich vor allem für Pelze und Felle interessiert, sollte nicht an Narssaq vorbeifahren, denn dort befindet sich ein pelzverarbeitender Betrieb der die meisten anderen Geschäfte des Landes mit Jacken, Mützen, Handschuhen u. ä. beliefert. Bei der Ausfuhr von Fellen ist zu beachten, daß hierfür eine besondere Steuer entrichtet werden muß. Hat man seine Pelzartikel in einer Niederlassung des KNI gekauft, so

ist diese Steuer bereits im Preis enthalten, doch ist es ratsam, auf jeden Fall die Belege für den Zoll gut aufzubewahren.
Auch der Liebhaber schöner Mineralien wird in Grönland zu seinem Souvenir kommen. Einen Grönlandit-Stein aus dem Godthåb-Fjord z.B. oder einen Tugtupit, einen roten Stein aus der Gegend von Narssaq, findet man nirgendwo als hier auf der arktischen Insel.

Speisen und Getränke

Die Speisekarten grönländischer Restaurants und Hotels sind zumeist mit denen Dänemarks vergleichbar. Ergänzend dazu bietet man jedoch grönländische Spezialitäten an, von denen hier einige aufgeführt werden. Besonders häufig und in vielerlei Variationen werden dem Besucher Gerichte aus Seehundfleisch serviert, dessen würziger Wildgeschmack in der grönländischen Küche nicht fehlen darf. Bei den Grönländern selbst ist die vitaminreiche Leber sehr begehrt, die oft gleich nach Ankunft des Jägers noch roh am Hafen gegessen wird. Ein solcher Vitaminstoß mag für ungeübte europäische Gaumen allerdings zu gewaltig sein und ist wohl nicht jedermanns Sache. Als ausgesprochene Delikatesse gilt auch Seehundfleisch, das mehrere Monate unter Steinen eingegraben gelagert wurde und dadurch einen starken Gorgonzola-Geschmack annimmt.
Selbst standhafte Fleischesser werden nach einer Kostprobe eingestehen, daß Walfischsteaks keinen Vergleich mit anderen Steaks zu scheuen brauchen. Das magere Fleisch ist ausgesprochen schmackhaft und erinnert, solange es frisch gegessen wird, in nichts an den seit Kindheitstagen ungeliebten Lebertran (wenn es schon einige Tage alt ist, verliert es seinen Beigeschmack, wenn man es für einige Zeit in Milch einlegt). Auch Selbstversorger können sich leicht eine köstliche Mahlzeit aus Walfischfleisch zubereiten, wenn sie am Hafen einige fingerdicke Scheiben erstehen, die man auf einer über ein Feuer gelegten Steinplatte brät. Einen pikanten Beigeschmack erhält man, indem man etwas Moos in die Glut gibt. Eine rustikale Mahlzeit stellt getrocknetes Walfischfleisch dar: Man teilt es in kleine Happen, taucht diese in ausgetropftes Seehundfett und würzt das Ganze mit ein wenig Salz. Vielleicht hat man auch einmal Gelegenheit, von der mattak genannten Walhaut zu kosten. Vor allem die Haut der Schwanzflosse hat, mit etwas Salz gewürzt, einen leichten Kokosgeschmack und ist daher bei Kindern als Süßspeisenersatz sehr beliebt.

Eine unumstrittene Delikatesse sind grönländische Lachse, die in vielfältigen Zubereitungsarten angeboten werden – gekocht, gebraten oder mit Moos und Heidekraut geräuchert. Wer mag, kann auch das folgende Rezept einmal ausprobieren: Rohe, dünne Lachsscheiben werden gesalzen, gepfeffert, mit etwas Zucker bestreut und schichtweise mit einer Mischung aus Öl, Essig und Senf bestrichen, wobei die oberste Schicht mit einer dicken Lage Dill bedeckt wird. Nach 12 Stunden wendet man den Lachs, und nach weiteren 12 Stunden erwartet den Gourmet eine besondere Gaumenfreude.
Neben Lachsen bieten die grönländischen Gewässer eine Reihe weiterer Köstlichkeiten. Forelle, Heilbutt, Rotbarsch, Ulkfisch, Krabben und Grönlandkaviar gehören ebenso dazu wie der kleine Angmagssat, eine Lachsart, die besonders häufig an der Ostküste vorkommt. Im Winter, wenn das zugefrorene Meer keine Fänge mehr erlaubt, werden hauptsächlich Trockenfische gegessen, die man eingeweicht wie Frischfisch zubereiten kann. Eine Kostprobe lohnt hier insbesondere bei der Meerkatze, die unter den Trockenfischen am wohlschmeckendsten ist.
In Seehundhaut eingenähte Singvögel, die einige Monate lagern müssen, wird man nur selten auf der Speisekarte eines Restaurants finden, doch vielleicht kann man sie einmal in einer grönländischen Familie kosten. Die lange Lagerung bewirkt auch bei dieser typisch grönländischen Delikatesse einen leicht pikanten Käsegeschmack den auch das bereits oben erwähnte eingegrabene Seehundfleisch auszeichnet. Wem die bisher beschriebenen Gerichte zu arktisch-exotisch erscheinen, kann sich natürlich an Rentier- und Lammfleisch halten, die überall erhältlich sind und abwechslungsreich zubereitet werden.
Grönlands frische Luft macht jedoch nicht nur hungrig, sondern auch durstig – dieses Faktum bringt keinerlei Probleme mit sich, solange man gewillt ist, seinen Durst allein mit Hilfe von Tee, Kaffee, Milch, Fruchtsaftgetränken oder Mineralwasser zu stillen. Gerade damit können sich die Grönländer jedoch seit jeher nicht anfreunden, und so ging die Regierung 1979 zu einem Bezugsscheinsystem über, bei dem jedem erwachsenen Grönländer nur eine bestimmte Menge Alkohol im Monat zur Verfügung stand. Auch die Touristen erhielten diese kostenlosen Bezugskarten mit 72 Punkten, die zum Kauf alkoholischer Getränke berechtigten. Diese Maßnahme brachte jedoch eher eine Verschlimmerung der Lage, denn erstens nutzte nun jeder seine

ihm zustehende Menge voll aus, und zweitens wurden die Bezugskarten der Touristen eingesammelt oder ihnen abgekauft. Man brach den Versuch daher ab und ist nun bemüht, durch verstärkte Öffentlichkeitsarbeit und hohe Preise das Problem in den Griff zu bekommen.
Für den Besucher interessant sind zwei grönländische Erzeugnisse, die allerdings in Dänemark hergestellt werden: Grönlandwodka und Grönland Kvan Aquavit. Das zur Herstellung dieser Spirituosen benutzte Wasser entstammt ausschließlich grönländischem Eis und wird per Schiff eigens nach Dänemark verfrachtet.

Sportmöglichkeiten

Grönland bietet vielfältige Sportmöglichkeiten und ist besonders für Erlebnisurlauber, die bei der Ausübung ihrer Sportart einen möglichst engen Kontakt zur Natur bevorzugen, ein lohnendes Reiseziel. Obwohl in den letzten Jahren in den meisten Städten Sporthallen entstanden sind, wo auch der Besucher z.B. Tischtennis Badminton oder Judo betreiben kann, bevorzugen die meisten Reisenden Sportarten, die enger mit Grönlands grandioser Landschaft verknüpft sind, wie z. B. Wandern, Bergsteigen, Angeln, Hochseefischen, Jagen, Skilaufen oder Hundeschlittenfahrten.

Angeln
Für den Angler ist Grönland wahrhaft ein Paradies. Zu den meistgefragten Fischarten in Grönlands Gewässern zählt zweifellos der Lachs, aber auch Heilbutt, Rotfisch, Grönlandhai, Seewolf, Katzenfisch und der überall in den Fjorden anzutreffende Dorsch werden nicht nur den geübten Angler begeistern.
Zum Angeln im Meer und in den Fjorden ist, Lachse und Bergforellen ausgenommen, keine Genehmigung erforderlich. Für Binnengewässer benötigt man einen Angelschein, der in den Fremdenverkehrsbüros, in Hotels oder bei der Polizei erhältlich ist und im allgemeinen für den Zeitraum eines Jahres zum nichterwerbsmäßigen Fischfang in allen Binnengewässern berechtigt (Kostenpunkt 500 dkr). Zur Sicherheit sollte man jedoch bei den örtlichen Behörden nach eventuell bestehenden weiteren Beschränkungen nachfragen, denn manche Gemeinden erlassen von Zeit zu Zeit zusätzliche Vorschriften, und ein Verstoß hat die Beschlagnahme der Ausrüstung und eine hohe Geldbuße zur Folge.

Obgleich man in allen größeren Orten Grönlands eine Angelausrüstung mieten oder kaufen kann, empfiehlt es sich, die eigene mitzubringen und sie den besonderen Bedingungen anzupassen. Schließlich wäre es schade, wenn wegen einer zu schwachen Angelschnur ein 20 kg schwerer Dorsch entkommen könnte.
In vielen Orten helfen die Fremdenverkehrsbüros oder die Gemeindeverwaltung bei der Organisation von Bootsausflügen, die auch das Hochseeangeln ermöglichen. Längere Fahrten in die reichen grönländischen Gewässer werden z.T. auch von europäischen Angelclubs veranstaltet. Wer seinen Fang nicht gleich verzehren möchte, kann ihn auch tiefgekühlt nach Dänemark schicken lassen – eine Möglichkeit, die vor allem von Anglern mit großer Lachsausbeute häufig genutzt wird.

Bergsteigen
Angefangen von relativ einfachen Felswanderungen bis hin zu extremen Klettertouren mit Seil und Haken bietet Grönland dem Bergsteiger hervorragende Möglichkeiten zur Ausübung seines Sports. Alpinisten, denen beim Gedanken an noch unbezwungene Gipfel das Herz höher schlägt, sollten allerdings bedenken, daß für derartige Unternehmungen zur Absicherung des Risikos eine Genehmigung der grönländischen Behörden eingeholt werden muß. Die Dänische Fremdenverkehrszentrale erteilt diesbezüglich nähere Auskünfte.
In der menschenleeren Bergwelt Grönlands sollten Vorsichtsmaßnahmen, die für alle Wanderungen im Hochgebirge gelten, sehr gewissenhaft beachtet werden: Insbesondere sei vor allen Einzelexkursionen ausdrücklich gewarnt. Immer sollte man vor dem Aufbruch eine Nachricht hinterlassen. Experten raten zur Mitnahme einer orangefarbenen Lebensrettungstasche, die unter dem Namen »Anna« in grönländischen Geschäften erhältlich ist. Wer sich einer Gruppe anschließen möchte, sei auf die Angebote des Dänischen Wandervereins verwiesen, der jedes Jahr Bergtouren verschiedener Schwierigkeitsgrade anbietet.

Jagen
Wer grönländischen Wildtieren nachstellen möchte, muß in jedem Fall im Besitz eines Jagdscheins sein, den die Fremdenverkehrsämter, die Polizei oder auch größere Hotels ausstellen. In Ausnahmefällen, wenn

z. B. der Zielort in Grönland keine eigene Polizeidienststelle hat, kann man sich bezüglich dieses Erlaubnisscheines an das Grönland-Ministerium, Hausergade 3, DK-1128 Kopenhagen K, wenden, das auch über die allgemeinen Jagdzeiten in Grönland informiert. Kostenpunkt für einen kombinierten Angel- und Jagdschein: 3000 dkr. Erlaubt ist mit diesem Schein der Abschuß von zwei Tieren, entweder Blau- oder Weißfuchs oder männliche Rentiere.

Da die Tierschutzbestimmungen in Grönland von Region zu Region stark voneinander abweichen, sollte man sich auf jeden Fall an Ort und Stelle über evtl. bestehende zusätzliche Beschränkungen erkundigen, da Übertretungen harte Strafen nach sich ziehen. Auf jeden Fall gänzlich verboten ist die Jagd auf Eisbären, Moschusochsen, Adler, Falken und Schnee-Eulen; zu beachten ist auch, daß der größte Teil Nordostgrönlands sowie die Melville-Bucht nördlich von Upernavik in Westgrönland unter Naturschutz stehen.

Für die Einführung von Jagdwaffen nach Grönland ist eine Sondergenehmigung erforderlich, die die Beförderung im Flugzeug gestattet. Diesbezügliche Anfragen müssen an die jeweilige Fluggesellschaft gerichtet werden.

Skilanglauf

Eine gute Gesundheit und eine gehörige Portion Begeisterung für Grönlands glitzernde Winterwelt aus Schnee und Eis sollte man mitbringen, wenn man einen Inselaufenthalt während der kalten Jahreszeit zum Skilaufen plant. Dies vorausgesetzt, können Skiwanderer und -langläufer in Grönland mit optimalen Bedingungen rechnen, die Möglichkeiten sind schier unbegrenzt. Wegen der Risiken des grönländischen Winters sei Interessierten jedoch die Teilnahme an organisierten Skiwanderungen in Gruppen dringend empfohlen, wie sie von verschiedenen Reiseveranstaltern angeboten werden.

Wandern

Das Wandern in Grönlands unberührter Natur ist für die meisten Besucher die größte Attraktion der Insel. Wenn im Sommer die Täler von einem bunten Pflanzenkleid überzogen sind, Berge und Felsen mit absoluter Stille und Einsamkeit locken und dann noch in fast greifbarer Nähe Eisberge an der Küste vorüberziehen, hat schon manchen Grönlandbesucher eine bleibende Faszination ergriffen, bei der der

Gedanke an Autos, Düsenflugzeuge und eine hektische Zivilisation nur noch wie etwas Unwirkliches erscheint. Besondere Verdienste bei der Erschließung von Wandermöglichkeiten hat sich der Dänische Wanderverein (S. 203) erworben, der auch alljährlich in Zusammenarbeit mit dem Deutschen Jugendherbergswerk Wanderungen aller Schwierigkeitsgrade anbietet und in der Bergwelt Südgrönlands ein Basislager für Einzelwanderer und Gruppen unterhält.

Wer sich keiner Gruppenwanderung anschließen möchte, sollte über ausreichende Erfahrung mit Einzelunternehmungen verfügen und sicher mit Karte und Kompaß umgehen können. Ein Zelt und die Mitnahme ausreichender Vorräte zur Selbstverpflegung sind bei den meisten Strecken eine unumgängliche Voraussetzung.

Sprache
Neben der Landessprache Grönländisch (vgl. S. 64) wird überall im Land als Zweitsprache Dänisch gesprochen. In Hotels, Fremdenverkehrsbüros und anderen offiziellen Stellen ist auch Englisch gebräuchlich, Deutsch wird dagegen nur sehr selten verstanden.

Staatsangehörigkeit
Grönland ist Teil des Dänischen Königreichs mit eigener Verwaltungsbefugnis. Alle Grönländer sind somit dänische Staatsbürger. Daß sich kein Grönländer als Däne bezeichnen wird, sondern voller Nationalstolz nur von Grönland und den Grönländern spricht, steht auf einem anderen Blatt.

Stromspannung
Die Stromspannung beträgt überwiegend 220 Volt, so daß bei uns gebräuchliche Geräte auch in Grönland benutzt werden können.

Taxis
Taxis gibt es trotz der wenigen Straßenkilometer in überraschend großer Anzahl, wovon man sich bei jeder Ankunft eines Küstenschiffes bzw. Hubschraubers am Hafen oder Helikopterlandeplatz überzeugen kann. Eine einheitliche Kennzeichnung durch Farbe oder Aufschrift ist nicht üblich, so daß man sich durch einen Blick auf den Taxameter im Wageninneren Gewißheit verschaffen muß.

Trinkgelder

Bei Restaurants und Hotels ist das Trinkgeld bereits in der Rechnung enthalten. Auch sonst ist es nicht üblich, ein Trinkgeld zu geben. Die Grönländer wechseln statt dessen lieber ein paar freundliche Worte mit dem Gast oder lassen sich allenfalls eine Zigarette anbieten.

Unterkunft

Die Unterkunftsfrage ist eines der Hauptprobleme, denn trotz wachsender Bautätigkeit ist die Anzahl der Hotelbetten immer noch recht gering. Eine rechtzeitige Voranmeldung ist deshalb auf jeden Fall anzuraten, wobei zu berücksichtigen ist, daß Grönlands zweitgrößtes Hotel, das KNI-Transithotel in Søndre Strømfjord, hauptsächlich als Unterkunft für Fluggäste dient und deshalb keine Reservierungen annimmt. Alle neueren Hotels, insbesondere die in Nuuk (Godthåb), Narssarssuaq, Qaqortoq (Julianehåb) und Ilulissat (Jakobshavn), liegen von der Ausstattung her auf europäischem Niveau. Die Preise sind allerdings höher als bei uns: Für ein Einzelzimmer (meist incl. Frühstück) sind zwischen 100 und 260 DM zu zahlen, ein Doppelzimmer kostet 180–350 DM.

Neben den Hotels bieten sich in manchen Orten auch Seemannsheime für die Übernachtung an, die preislich günstiger sind, jedoch weniger Komfort aufzuweisen haben. Bei starker Belegung kann es vorkommen, daß in diesen Einrichtungen mit einer Übernachtung in 4-Bett-Zimmern vorliebgenommen werden muß. Ein Verzeichnis aller Hotels und Seemannsheime gibt das Dänische Fremdenverkehrsamt (S. 202) jährlich heraus.

Die private Einquartierung ist in Grönland weitgehend unbekannt. Vereinzelt werden jedoch von den Fremdenverkehrsbüros Zimmer vermittelt. In den Monaten Juni bis August können Wanderer in Südgrönland auch in einfachen Hütten der Schafzüchter übernachten. Diese Möglichkeit wurde vom Dänischen Wanderverein zusammen mit den örtlichen Züchtern und den Fremdenverkehrsbüros in Narssarssuaq, Narssaq, Nanortalik und Qaqortoq (Julianehåb) geschaffen. Für solche Übernachtungen ist ein Hüttenschein erforderlich, den man von Inuk-Rejser, Slagelsegade 1, DK–2100 Kopenhagen Ø, oder vom Dänischen Wanderverein (S. 203) erhält, der gleichzeitig auch nähere Informationen vermittelt. Die Preise für eine Übernachtung in den Schafzüchterhütten liegen bei ca. 20 DM.

PLZ	Ort	Hotel	Tel.	Fax	Betten
DK – 3913	Angmagssalik	Hotel Angmagssalik	18293	18393	65
DK – 3950	Ausiait	Hotel Nikomut	42038		10
	(Egedesminde)	Sømandshjemmet	42175	42910	31
DK – 3908	Færingehavn	Hospitellet	21105		20
DK – 3952	Ilulissat	Hotel Hvide Falk	43343	43508	51
	(Jakobshavn)	Arctic Hotel	44153	43924	126
DK – 3912	Manitsok	Kangaamiut			
	(Sukkertoppen)	Turisthotel	19482		–
		Hotel Maniitsoq	13035	13377	47
		Sømandshjemmet	13535	13553	27
		Hotel Toppen	13631	13786	10
DK – 3922	Nanortalik	Hotel Kap Farvel	33294		12
		Hotel Klamers	33280		12
		Hotel Tupilak	33379		8
DK – 3921	Narssaq	Hotel Narssaq	31101		15
		Hotel Perlen	31675	31520	60
DK – 3923	Narssarssuaq	Hotel Narssarssuaq	35253	35370	192
DK – 3900	Nuuk (Godthåb)	Hotel Godthåb	21105		18
		Hotel Grønland	21533	21755	110
		Hotel Hans Egede	24222	24487	250
		Sømandshjemmet	21029	22104	54
		Hotel Qooqut	21520		50
DK – 3940	Pamiut	Hotel Petersen	17299		16
	(Frederikshåb)	Nuna-Tek			
		Indkvartering	17299	17446	20
DK – 3920	Qaqortoq	Hotel Qaqortoq	38282	37234	42
	(Julianehåb)	Hotel Qaannivik	39199	39090	12
		Sømandshjemmet	38293	38678	29
DK – 3951	Qasigianguit	Hotel Igdlo	45081	45524	20
	(Christianshåb)				
DK – 3953	Qeqertarssuaq	Hotel og			
	(Godhavn)	Cafeteria Puisi	47310	47313	14
DK – 3911	Sisimiut	Hotel Sisimiut	14840	15615	54
	(Holsteinsborg)	Sømandshjemmet	14150	15791	86
DK – 3910	Søndre Strømfjord	Transithotellet	11180	11039	245
DK – 3961	Umanaq	Hotel Uummannaq	48518	48262	24
DK – 3971	Thule (Qaanaaq)	Hotel Qaanaaq	50120	50064	10

Ein Grönlanderlebnis ohne alle Unterkunftssorgen bietet die Benutzung der Küstenschiffe. Ihre 1600 km lange Gesamtstrecke reicht von Nanortalik im Süden bis Upernavik im Norden der Westküste und führt meist dicht an der Küste entlang. Man genießt die Fahrt, die herrlichen Ausblicke und hat in jeder Stadt ausgiebig Zeit, einen Ortsrundgang zu unternehmen. Ganz billig ist diese Art zu reisen allerdings auch nicht. Für die einfache volle Strecke, bei der man eine Woche unterwegs ist, muß man für eine Kabine mit Dusche und WC rund 2000 DM rechnen. Zumindest auf den Teilstrecken kann die Benutzung der Küstenschiffe jedoch auch unter Unterkunftsgesichtspunkten kostengünstig sein.

Währung
Grönland ist Teil des dänischen Königreichs, Währungseinheit der Insel ist damit die dänische Krone (dkr), die in 100 Øre unterteilt ist. Es sind Münzen zu 5,10 und 25 = Øre sowie zu 1, 2, 5 und 10 dkr im Umlauf, außerdem Geldnoten zu 50, 100 und 500 dkr. Die Einfuhr dänischer Zahlungsmittel ist ebenso wie die von Fremdwährungen keinen Beschränkungen unterworfen, bei der Ausfuhr müssen Beträge über 50 000 dkr deklariert werden.
Beim Umtausch aller gängigen Devisen, Reise-, Euroschecks usw. gibt es keinerlei Probleme, andere Schecks werden jedoch nur akzeptiert, wenn sie auf ein dänisches Kreditinstitut ausgestellt sind. Wer im Besitz eines Postsparbuches ist, kann auch bei allen Postämtern Geld abheben. Die beiden grönländischen Geldinstitute, Grønlandsbanken und Nuna-Bank, haben ihren Hauptsitz in Nuuk (Godthåb); sie unterhalten Filialen in Ilulissat (Jakobshavn), Sisimiut (Holsteinborg), Qaqortoq (Julianehåb) und Manitsok (Sukkertoppen). In anderen Orten werden sie von den Niederlassungen des KNI vertreten. Im allgemeinen liegen die Wechselkurse etwas höher als in Dänemark. 1 dkr entspricht ca. 0,28 DM (Stand: Frühjahr 1991)

Zeitdifferenz
MEZ – 4 Stunden, d. h. wenn es in Frankfurt 12 Uhr mittags ist, ist es in Grönland erst 8 Uhr morgens. Im Sommer beträgt der Zeitunterschied wegen der europäischen Sommerzeit 5 Stunden. Bei Scoresbysund (Nordostgrönland) und Thule (Nordwestgrönland) gibt es spezielle Zeitzonen.

Zeitungen und Zeitschriften

Zeitungen sind nur in grönländischer und dänischer Sprache erhältlich; das gleiche gilt für Zeitschriften, mit Ausnahme einer deutschen Modezeitschrift.

Zollbestimmungen

Obwohl Grönland Teil Dänemarks ist, gelten für den Zollverkehr mit Grönland besondere Bestimmungen. So dürfen Personen über 18 Jahre 200 Zigaretten oder 250 g Tabak sowie 200 Blatt Zigarettenpapier einführen, 1l Spirituosen mit einem Alkoholgehalt von mehr als 22 % oder 2l andere Alkoholika. Gegenstände des persönlichen Gebrauchs sind zollfrei. Zum Transport von Jagdwaffen ist eine Beförderungsgenehmigung der Fluggesellschaft erforderlich. Bei der Ausreise ist zu beachten, daß für Seehund-, Fuchs- und Eisbärfelle eine besondere Steuer entrichtet werden muß. Wurden die Felle in einem Geschäft des KNI gekauft, so ist diese Steuer bereits im Kaufpreis enthalten, was durch Vorlage der Quittung nachgewiesen werden kann.

Wichtige Anschriften für deutschsprachige Besucher

Diplomatische und konsularische Vertretungen
Grönland ist Teil des dänischen Königreiches. Anfragen bezüglich Visumserteilung, Aufenthaltsgenehmigungen u. ä. sind deshalb an die jeweilige Vertretung Dänemarks zu richten.

Vertretungen Dänemarks in der Bundesrepublik Deutschland
Königlich Dänische Botschaft mit Konsularabteilung: Pfälzer Str. 14, 5300 Bonn 1, Tel. 0228/72 99 10, Fax 7299-131
Konsulate: Unter den Linden 41, O-1080 Berlin, Tel. 00372/2 20 29 16, Fax 2 29 31 48 (Generalkonsulat)
Schlachte 15/18, 2800 Bremen 1, Tel. 0421/1 76 80, Fax 1768-4 00; Postanschrift: Postfach 107509 (Honorarkonsulat)
Cuxhavener Schiffahrtskontor Uwe Trulsen, Fährhafen, 2190 Cuxhaven, Tel. 04721/3 80 21, Fax 3 80 23; Postanschrift: Postfach 707 (Honorarvizekonsulat)
Kasernenstr. 24, 4000 Düsseldorf 1, Tel. 0211/13 14 00, Fax 13 12 17 (Generalkonsulat)
Nordergraben 19, 2390 Flensburg, Tel. 0461/2 33 05, Fax 1 79 28 (Generalkonsulat)
Am Leonhardsbrunn 20, 6000 Frankfurt 90, Tel. 069/77 03 91, Fax 7 07 18 76 (Generalkonsulat)
Heimhuder Str. 77, 2000 Hamburg 13, Tel. 040/44 70 57, Fax 4 10 40 57 (Generalkonsulat)
Schiffgraben 55, 3000 Hannover 1, Tel. 0511/31 12 31, Fax 1 22 71 55 (Honorarkonsulat)
Kehdenstr. 26/4, 2300 Kiel 1, Tel. 0431/97 01 02 (Honorarkonsulat)
Fackenburger Allee 67, 2400 Lübeck, Tel. 0451/4 16 03, Fax 4 62 55 (Honorarkonsulat)

Sendlinger-Tor-Platz 10, 8000 München 2, Tel. 089/59 58 31, Fax 59 78 15 (Generalkonsulat)
Bolzstr. 6, 7000 Stuttgart 1, Tel. 0711/29 01 37; Postanschrift: Postfach 10 27 22 (Honorarkonsulat)

Vertretungen Dänemarks in Österreich
Botschaft: Führichgasse 6, 1015 Wien, Tel. 0222/51 27 90 40
Generalkonsulat: Ferstelgasse 3 1090 Wien, Tel. 0222/4 02 22 97
Konsulate: Grieskai 12–14, 8011 Graz, Tel. 0316/91 38 01
Maria-Theresien-Str. 42, 6020 Innsbruck, Tel. 0512/58 29 71
Figulystr. 27, 4020 Linz, Tel. 0732/5 14 14
Imbergstr. 15, 5020 Salzburg, Tel. 0662/7 14 85

Vertretungen Dänemarks in der Schweiz
Botschaft: Thunstr. 95, 3006 Bern, Tel. 031/44 50 11
Generalkonsulat: Bürglistr. 8, 8027 Zürich, Tel. 01/2 01 66 70
Konsulate: Küchengasse 16, 4010 Basel, Tel. 061/23 11 33
60, Rue du Stand, 1211 Genf, Tel. 022/22 21 27 45
Via Pioda 8, 6901 Lugano, Tel. 091/23 23 58

Vertretungen in Dänemark
Botschaft der Bundesrepublik Deutschland: Stockholmsgade 57, 2100 Kopenhagen Ø, Tel. 0045/31 26 16 22, Fax 26 71 05
Österreichische Botschaft: Grønningen 5, 1270 Kopenhagen K, Tel. 0045/33 12 46 23
Schweizer Botschaft: Amaliegade 14, 1256 Kopenhagen K, Tel. 01/33 14 17 96
Grønlands Hjemmestyre, Sjæleboderne 2, 1016 Kopenhagen k, Tel. 0045/33 13 42 24, Fax 33 32 20 24

Informationsstellen
Dänisches Fremdenverkehrsamt, Glockengießerwall 2, Postfach 101329, 2000 Hamburg 1, Tel. 040/32 78 03, Fax 33 70 83 (Zentralbüro für Deutschland, Schweiz, Österreich)
Zweigbüros: Immermannstr. 56, 4000 Düsseldorf 1, Tel. 0211/35 81 03
Sonnenstr. 27, 8000 München 2, Tel. 089/55 52 02
KNTK – The Tourist Associations of Greenland, P.O. Box 199, DK-3900 Nuuk, Tel. 00299/2 27 00, Fax 2 27 10

Dänischer Wanderverein – Dansk Vandrelaug, Kultorvet 7, DK–1175 Kopenhagen K, Tel. 0045/33 13 27 27

Statsministeriet Grønlandsdepartementet, Hausergade 3, DK–1128 Kopenhagen K

Dänischer Industrieverband, Hans Christian Andersens Boulevard 18, DK–1596 Kopenhagen V

Der Delegierte der Deutschen Wirtschaft in Dänemark, Børsen, DK–1217 Kopenhagen K, Tel. 0045/33 91 33 35, Fax 33 91 31 16

Transportunternehmen und Veranstalter

Grønlands Rejsebureau, Gammel Mønt 12, DK–1004 Kopenhagen K, P.O.Box 130, Tel 0045/33 13 10 11, Fax 33 13 85 92

Greenland Travel, P.O.Box 330, DK–3900 Nuuk, Tel. 00299/2 44 55, Fax 2 33 69

Greenland Travel, P.O. Box 1001, DK-3952 Ilulissat, Tel. 00299/4 32 46, Fax 4 42 80

Arctic Adventure ApS, Aaboulevarden 37, DK–1960 Frederiksberg C, Tel. 0045/31 37 12 33, Fax 31 37 13 01

Green Tours, Kultorvet 7, DK–1175 Kopenhagen K, Tel. 0045/33 13 27 27

Vejle Rejser, Volmers Plads 4, DK–7100 Vejle, Tel 0045/75 82 28 88, Fax 75 83 76 66

KNI-Reisebüro: Kalaallit Niuerfiat (Grønlands Handel) – Passager-Kontor, Strandgade 100, DK-1004 Kopenhagen K, Tel. 0045/33 54 60 01

KNI-Grønlandshavn, Postbox 8100, DK-9220 Ålborg, Tel. 0045/98 15 76 77, Fax 98 15 53 98

SAS – Scandinavian Airlines System, Schaumainkai 87-91, 6000 Frankfurt 1, Tel. 069/6 33 93-129, Fax 63 97 38

Grønlandsfly, Gammel Mønt 12, DK-1004 Kopenhagen K, Tel. 0045/33 11 22 41

Icelandair, Roßmarkt 10, 6000 Frankfurt 1, Tel. 069/29 99 77, Fax 28 38 72

Reisebüro Norden (Amtliches Reisebüro der Dänischen und Schwedischen Staatsbahnen), Ost-West-Str. 70, 2000 Hamburg 11, Tel. 040/3 60 01 50, Fax 36 64 83, und Immermannstr. 54, 4000 Düsseldorf 1, Tel. 0211/36 09 66

Skandinavisches Reisebüro (Amtliches Reisebüro der Dänischen Staatsbahnen), Kurfürstendamm 206, 1000 Berlin 15, Tel. 030/8 81 21 24, Friedensstr. 1, 6000 Frankfurt 1, Tel.069/23 07 38, Fax 23 92 39, und Calwer Str. 17, 7000 Stuttgart 1, Tel. 0711/22 30 61, Fax 22 40 79

First Air, Carp Airport, Carp, Ontario KOA 1 LO, Kanada, Tel. 613/839-33 40, Telex 053-31 58, Fax 839-56 90

Kleine Sprachkunde

Die grönländische Sprache
Gegenwärtig wird in Grönland eine Reform der Rechtschreibung vollzogen, die auf Abschaffung der bislang gebräuchlichen Akzente zielt. Geringfügige Abweichungen und Inkonsequenzen bei der Schreibweise grönländischer Worte lassen sich deshalb nicht immer vermeiden.
Die grönländische Sprache ist reich an grammatikalischen Hürden, die dem Nicht-Grönländer die Bildung korrekter Sätze erschweren. Sollte es aber einmal vorkommen, daß ein Leser von einem Inselbewohner befragt wird, ob er denn noch ein Eisbärjunges zu sehen glaube, so kann dieser vielleicht seine Sprachkenntnisse mit einem einzigen grönländischen Wort unter Beweis stellen: *takusinnaassannqatsiarpara* – ich werde es gewiß sehen.

^	Verdopplung des Vokals: nûk (Landzunge), gesprochen nuuk
/	Verdopplung des nachfolgenden Konsonanten: ímaqa (vielleicht), gesprochen immaqa
~	Verdopplung des Vokals und des nachfolgenden Konsonanten: ūmánaq (herzförmig), gesprochen uummannaq
ae, ao, au, ai	werden als langes a gesprochen, ai am Wortende mit hörbarem i
gk, gf, vk, vs	bleiben stumm, wenn ihnen ein weiterer Konsonant folgt, der dann verdoppelt wird
q	in der Kehle gesprochenes k
vg, gg	gesprochen wie ch in Dach

Allgemeines

Guten Tag!	kutâ!	Vater	atâta
ja	âp	Mutter	anâna
nein	nâgga	Kind	qitornaq
danke	qujanaq	Grönländer	inuk
vielen Dank	qujanassuaq	Däne	danskeq
Mann	angut	Deutscher	tyskeq/nordleq
Frau	arnaq	prost!	kasuta!

Zahlen

1	atauseq
2	mardluk
3	pingasut
4	sisamat
5	tatdlimat
6	arfinigdlid
7	arfineq mardluk
8	arfineq pingasut
9	qulingiluat
10	qulit
11	arkanigdlit
12	arqaneq mardluk
	(Für alle weiteren Zahlen gibt es nur ein Wort: viel. Man zählt dann auf dänisch weiter.)

Natur

Regen	sialuk
Schnee	aput
Wind	anore
Sonne	seqineq
Mond	qaumat
Nebel	pujoq
Frühling	upernaq
Winter	oukiok

Tiere

Robbe	puisse
Eisbär	nanoq
Wal	arfeg
Rentier	tugto
Lachs	eqaluk
Dorsch	sârugdlik
Eislumme	tûgdlik
Möwe	nauja
Adler	nagtoralik
Schaf	sava

Geographische Bezeichnungen

Westgrönland	kita
Nordgrönland	avanga
Ostgrönland	tuna
Wasser	imeq
Meer	imiaq
Land	nunâ
Landzunge	nûk
Insel	qeqertaq
Tal	qôroq
Fluß	kûk
Fjord	kangerdluk
Berg	qâqaq
See	taseq
Wasserfall	qordlotoq
heiße Quelle	puilassoq
Eis	siko
Gletscher	sermeq
Bergeis	sermertaq
Inlandeis	sermerssuaq
Eisberge	ilulissat
Winterhaus	qarnaq
Sommerzeit	tupiq
Schneehaus	igluvigak

Die dänische Sprache
Die zweite Landessprache Dänisch wird in der Schule ab der ersten Klasse unterrichtet und daher von jedem Grönländer gesprochen. Dem deutschen Besucher wird es nicht schwerfallen, sich durch einige dänische Worte zu verständigen, da Dänisch und Deutsch beide zur germanischen Sprachgruppe gehören und daher viele Gemeinsamkeiten aufweisen.

Im Dänischen finden sich jedoch einige Buchstaben, die im deutschen Alphabet nicht vorkommen; dabei entspricht die Ligatur æ unserem ä, unser ö schreibt man im Dänischen ø, den Buchstaben å spricht man wie ein dumpfes o aus. Im allgemeinen wird statt des w ein v benutzt.

Allgemeines

Guten Tag!	Goddag!	Junge	dreng
Guten Morgen!	Godmorgen!	Mädchen	pige
Guten Abend!	Godaften	dänisch	dansk
Gute Nacht!	Godnat!	deutsch	tysk
Auf Wiedersehen!	Farvel!	Sprechen Sie deutsch?	Taler De tysk?
ja	ja		
nein	nej	Ich verstehe nicht	Jeg forstår ikke
bitte	vær så god		
danke	tak	Was kostet…?	Hvor meget koster…?
Mann	mand		
Frau	fru	wieviel?	hvor meget?

Wetter

Eis	is	Sonnenschein	solskin
Frost	frost	Sonnenaufgang	solopgang
Luft	luft	Sonnenuntergang	solnedgang
Mond	måne	Stern	stjerne
Nebel	tåge	Sturm	storm
Regen	regn	Tauwetter	tøvejr
Schauer	byge	Wind	vind
Schnee	sne	Wolke	sky
Schneesturm	snestorm	schönes Wetter	smukt vejr

Zahlen

1	en	17	sytten
2	to	18	atten
3	tre	19	nitten
4	fire	20	tyve
5	fem	30	tredive
6	seks	40	fyrre
7	syv	50	halvtreds
8	otte	60	tres
9	ni	70	halvflerds
10	ti	80	firs
11	elleve	90	halvfems
12	tolv	100	hundrede
13	tretten	200	tu hundrede
14	fjorten	1000	tusind
15	femten	2000	to tusind
16	seksten	10000	ti tusind

Im Restaurant

Frühstück	morgenmad	Kalbfleisch	kalvkød
Mittagessen	middagsmad	Schweinefleisch	svinekød
Abendessen	aftensmad	Hammelfleisch	farekød
Speisekarte	spisekort	Huhn	kylling
Serviette	serviet	Ei	æg
Teller	tallerken	Fisch	fisk
Glas	glas	Krabben	rejer
Messer	kniv	Salat	salat
Gabel	gaffel	Gemüse	grønsager
Löffel	ske	Obst	frugt
Flasche	flaske	Kuchen	kage
Kaffee	kaffe	Brot	brød
Tee	the	wenig	lidt
Bier	øl	mehr	mere
Wein	vin	Toilette	toilet
Wasser	vand	Rechnung	regning
Fleisch	kød	Zimmer	værelse

Wochentage und Zeitangabe

Montag	mandag	gestern	igår
Dienstag	tirsdag	heute	idag
Mittwoch	onsdag	morgen	imorgen
Donnerstag	torsdag	Minute	minut
Freitag	fredag	Stunde	time
Samstag	lørdag	Woche	uge
Sonntag	søndag	Feiertag	helligdag

Auf der Post

Postamt	postkontor	Telegramm	telegrammer
Brief	brev	Paket	pakke
Briefmarke	frimærke	Zollerklärung	tolddeklaration

Geographische Bezeichnungen

Meer	hav	Tal	dal
Meeresstraße	sund	Bucht	bugt
See	sø	Insel	ø
Fluß	flod	Fels	klippe
Bach	å	Stadt	by
Wasser	vand	Dorf	landsby
Fjord	fjord	Siedlung	bebyggelse
Wasserfall	foss	Straße	gade
Gletscher	gletscher	Weg	vej
Steigung	opkørsel	Brücke	bro
Hügel	bakke	Hafen	havn
Berg	bjerg	Fähre	færge
Hochgebirge	fjeld	Haus	hus

Bibliographie

Grönland in allgemeinen Darstellungen

Adler, Christian: Polareskimo-Verhalten. Von den Verhaltensweisen eines altertümlichen Jägervolkes. Argelsried 1979

Adler, Christian: Der letzte Sieg des Zauberers. Frankfurt 1981

Barüske, Heinz: Grönland. Reise in das Wunderland der Arktis. Berlin 1977

Bökemeier, Rolf/Silis, Ivars: Grönland. Leben im hohen Norden. Bern 1980

Dege, William: Grönland ohne Eskimos. Wiesbaden 1964

Dege, William: Grönland im Umbruch/Hertling, Knud: Grönland-Probleme der Gegenwart/Leth, Jens: Mit dem Hundeschlitten durch Grönlands ABC. Hg. vom Kulturamt der Stadt Dortmund, Red. Horst Wolff. Dortmund 1968

Frederiksen, Thomas: Grönländisches Tagebuch. Aufzeichnungen eines Fischers und Jägers. Hamburg 1981

Freuchen, Peter: Meine grönländische Jugend. Zürich – Wien – Prag 1937

Freuchen, Peter: Ice floes and faming water, a true adventure in Melville Bay. London 1954

Gallei, Konrad/Thorer, Axel: Ostgrönland. Karlsruhe 1987

Hall, Charles Francis: Life with the Esquimaux – a narrative of artic experience in search of survivors of Sir John Franklins expedition. Tokio 1970

Hertling, Knud/Hesselbjerg, Erik u.a.: Greenland, past and present. Kopenhagen 1972

Lüthy, Werner/Petersen, Hjalmar: Grönland. Zürich 1967

Malaurie, Jean: Die letzten Könige von Thule. Leben mit den Eskimos. (Fischer–Tb. Allgemeine Reihe 3509) Frankfurt 1979

Olsen, Ole B.: Practical information for companies interested in operating in Greenland. (Neue Ausgabe der Grønlands Geologiske Undersøgelser) Kopenhagen 1973

Rink, Hinrich Johannes: Danish Greenland, its people and products. Hg. von Robert Brown. London 1877
Staib, Björn O.: Across Greenland in Nansens track. 1963
Weiss, Walter: Arktis. Wien 1975
Weiss, Walter: Der Tod der Tupilaks. Ein Grönlandbuch. Wien 1973
Ydegaard, Torbjørn: Wandern in Grönland. Essen 1990

Pflanzen- und Tierleben

Böcher, Tyge Wittrock/Holmen, Kjeld/Jakobsen, Knud: The flora of Greenland. Kopenhagen 1968
Brown, Robert: On the Mammalian Fauna of Greenland, Proceeding. London 1868
Bruemmer, Fred: Encounters with Arctic Animals. New York 1972
Irving, Laurence: Arctic life of birds and mammals, including man. Berlin 1972
Pedersen, Alwin: Polar Animals. 1962
Stonehouse, Bernhard: Animals of the Arctic – the ecology of the Far North. New York 1971

Geologie

Aarkrog, A./Lippert, J.: Environmental Radioactivity in Greenland. Risø Report. 1965
Bøggild O. B.: Grönland (Handbuch der regionalen Geologie, 21). Heidelberg 1917
Bøggild, O. B.: The Mineralogy of Greenland. Kopenhagen 1953
Charlesworth, J.: The Quaternary Era, with special references to its glaciation. 2 Bde. 1957
Fristrup, Børge: The Greenland Ice Camp. Kopenhagen 1966
Hantschel, Anton: Grönland und der Gestaltwandel der Arktis. Würzburg 1963
Koch, Lauge: Geologie von Grönland. Berlin 1935
Malaurie, Jean: Themes de recherche geomorphologique dans le Nord-Ouest du Groenland. Paris 1968
Physical Geography of Greenland. 19th International Geographical Congress Norden 1960. Kopenhagen 1961
Raasch, Gilbert O. (Hg.): Geology of the Arctis. 2 Bde. Toronto 1961

Geschichte
Bandi, Hans-Georg: Urgeschichte der Eskimos. Stuttgart 1965
Cranz, David: Historie von Grönland, enthaltend die Beschreibung des Landes und der Einwohner etc., insbesonders der Geschichte der dortigen Mission der Evangelischen Brüder zu Neu-Herrnhut und Lichtenfels. 3 Bde. Barby-Leipzig 1770
Gad, Finn: The History of Greenland. 2 Bde. London 1970–1973
Gad, Finn: Grønland. Kopenhagen 1984
Holtved, Erik: Archaeological Investigations in the Thule-District. 2 Bde. Kopenhagen 1945
Lidegaard, Mads: Hans Egede. Missionary and Colonizer of Greenland. In: The American Scandinavian Review, Bd. 59,1971
Nissen N. Walter: Die südwestgrönländische Landschaft und das Siedlungsgebiet der Normannen. Hamburg 1924
Nørlund, Poul: Winkingersiedlungen in Grönland. Ihre Entstehung und ihr Schicksal. Leipzig 1937
Oesau, Wanda: Hamburgs Grönlandfahrt und Walfischfang und Robbenschlag vom 17. bis 19. Jahrhundert. Glückstadt o. J.
Steinert, Harald: Tausend Jahre Neue Welt. Stuttgart 1982

Expeditionen
Aasheim, Stein P.: In Nansens eisiger Spur. In Geo, Heft 3/90, S. 136–150
Brockamp, Bernhard: Erweiterter Nachtrag zu den wissenschaftlichen Ergebnissen der deutschen Grönlandexpedition von Alfred Wegener. München 1959
Egede, Hans: Die Erforschung von Grönland, bearbeitet von Martin Heydrich. Leipzig 1923
Finsterwalder, Richard: Polarforschung und Internationale Glaziologische Grönland-Expedition 1957/60 (Sitzungsberichte der Bayerischen Akademie der Wissenschaften). München 1958
Flügel, Helmut W.: Alfred Wegeners vertraulicher Bericht über die Grönland-Expedition 1929. Graz 1980
Friis, Achton: Im Grönlandeis mit Mylius-Erichsen. Die Danmark Expedition 1906–1908. Leipzig 1910
Gronau, Wolfgang von: Im Grönlandwal. Dreimal über den Atlantik und einmal um die Welt. Berlin 1933

Koch, Johann Peter: Durch die weiße Wüste. Die dänische Forschungsreise quer durch Nordgrönland 1912–13. Dt. Ausgabe besorgt von Alfred Wegener. Berlin 1919

Koglbauer, Matthias: Grönlandwinter. Mit dem Hundeschlitten durch die Arktis. Stuttgart 1979

Mohn, Henrik/Nansen, Fridtjof: Wissenschaftliche Ergebnisse von Dr. F. Nansens Durchquerung von Grönland 1888. Gotha 1892

Nansen, F.: Auf Schneeschuhen durch Grönland. Hamburg 1891

Nansen, Fridtjof: In Nacht und Eis. Die norwegische Polarexpedition 1893–1896. Wiesbaden 1980

Rasmussen, Knud: Ultima Thule. Grönländische Reiseerlebnisse. Berlin 1920

Rasmussen, Knud: Rasmussens Thulefahrt. Übersetzt von Friedrich Sieburg. Berlin 1926

Rasmussen, Knud: In der Heimat der Polarmenschen. Die zweite Thule-Expedition 1916–18. Leipzig 1922

Rasmussen, Knud: Die große Jagd. Leben in Grönland. Frankfurt 1927

Rasmussen, Knud: Mein Reisetagebuch. Über das grönländische Inlandeis nach dem Peary-Land. Berlin 1938

Rasmussen, Knud: Die große Schlittenreise. Balve 1970

Victor, Paul-Emile: Wringing Secrets from Greenlands Ice Cap. In: National Geographic Magazine, Bd. 109, 1956

Wegener, Alfred: Mit Motorboot und Schlitten in Grönland. Bielefeld – Leipzig 1930

Wegener, Alfred: Tagebuch eines Abenteuers. Mit Pferdeschlitten quer durch Grönland. Wiesbaden 1961

Kultur

Barüske, Heinz: Eskimo-Märchen (Märchen der Weltliteratur). Düsseldorf – Köln 1979

Burland, Cottie: Eskimo Art. London 1973

Holtved, Erik: Eskimo Art. With an English summary by the author. Kopenhagen 1947

Israel, Heinz: Kulturwandel grönländischer Eskimo im 18. Jahrhundert. Wandlung in Gesellschaft und Wirtschaft unter dem Einfluß der Herrnhuter Brüdermission (Abhandlungen und Berichte des Staatlichen Museums für Völkerkunde Dresden, Nr. 29). Berlin (Ost) 1969

Rasmussen, Knud: Grönlandsagen. Aus dem Dänischen übersetzt von Julia Koppel. Berlin 1922

Zorgdrager, Cornelis G.: Alte und neue Grönländische Fischerei und Walfischfang. Aus dem Holländischen von Erhard Reusch. (Neudruck der Ausgabe von 1723) Kassel 1975

Karten

Vandreruter i Sydgrønland. Hg. vom Dänischen Wanderverein Dansk Vandrelaug, Kopenhagen o. J.

Vandreruter i Vestgrønland. Hg. vom Dänischen Wanderverein Dansk Vandrelaug, Kopenhagen o.J.

Grönland – 1:2 000 000. Hg. vom Geographischen Institut der Universität Kopenhagen

Grönland – 1:5 000 000, Farbdruck 1974

Grönland – 1:2 500 000, Farbdruck 1974

Geologische Grönlandkarte, Farbdruck 1970 (engl. Beschriftung) Nordgrönland – 1:300 000. 18 Karten, Fünffarbdruck, 1932 (nur noch beschränkt erhältlich)

Wanderkarte für das Gebiet Narssarssuaq – Narssaq – Qaqortoq (Julianehåb), 1:100 000. Hg. vom Dänischen Wanderverein – Dansk Vandrelaug, Kopenhagen

Wanderkarte für das Gebiet von Søndre Strømfjord, 1:100 000. Hg. vom Dänischen Wanderverein – Dansk Vandrelaug, Kopenhagen

Wanderkarte für das Gebiet von Sisimiut (Holsteinsborg), 1:100 000. Hg. vom Dänischen Wanderverein – Dansk Vandrelaug, Kopenhagen

Übersichtskarten der Disko-Bucht 1:300 000 und Südgrönlands 1:250 000, versendet auf Anfrage das Dänische Fremdenverkehrsamt, ebenso eine einfache Grönlandkarte 1:7 350 000

Register

Akunap Nuna (Insel) 149
Akunaq 149
Akunnat 133
Alluitsoq s. Lichtenau
Alluitsup Pa s. Sydprøven
Ameralik-Fjord 134
Amitsoq (Insel) 116
Angmagssalik 13, 15, 30, 50, 91, 96, 175, **176–178**, 185
Arveprinsens Ejland 159, 160
Atangmik 95
Augpilagtoq 118, 119
Ausiait (Egedesminde) 21, 69, 94, 137, **145–147**, 162, 185
Avssaqutaq 142

Baffin, William 29
Baffinbucht 9
Blosseville-Küste 10
Brattahlid 26, 100

Christian IV-Gletscher 10
Christianshåb s. Qasigianguit
Claushavn s. Ilimanaq
Cook, Frederick 30

Daneborg 181
Danmarkshavn 180
Davisstraße 9, 27
Disko (Insel) 11, 55, **160–163**
Disko-Bucht 13, 23, 27, 91, 94, 95, **145–163**, 188
Disko-Fjord 161
Dronning Louise Land 31
Dundas s. Thule

Egede, Hans 26, **28**, 29, 65, 122, 124, 126, 127, 132, 147
Egede, Niels 147
Egede, Paul 28, 30
Egedesminde s. Ausiait
Ejnars-Fjord 99
Eqalorutsit Kangigdlit (Gletscher) 101, 102, 106
Eqalugarssuit 110
Erik der Rote 25, 100
Eriks-Fjord 97, 100, 101, 102

Færingehavn 132–133
Fiskenæsset s. Qeqertarsuatsiaat
Frederiksdal 118, 119
Frederikshåb s. Pamiut
Frederikshåb Isblink 121
Freuchen, Peter 30, 169, 170
Frobisher, Sir Martin 29, 119

Gardar 26, **99–100**
Godhavn s. Qeqertarssuaq
Godthåb s. Nuuk
Godthåb-Fjord 26, 28, 30, 50, 65, 111, **134–135**, 191
Gronau, Wolfgang von 31
Grønnedal 94, 96, **121**, 182
Grønne Ejland 149
Gunnbjørn 24–25
Gunnbjørns Fjeld 10, 175

Habets Ø (Inseln) 122, 132
Havsteen Mikkelsen, Sven 100
Herjolfsnes 119
Holm, Gustav 30, 176

216

Holsteinsborg s. Sisimiut
Humboldt-Gletscher 10, 29
Hunde Ejlande 147
Hvalsey 26, 103, **109–110**

Igaliko 26, 65, **99–100**, 103, 110
Iglukosik 115, 119
Ikamiut 150
Ikateq 179
Ikerasak 142
Ilimanaq (Claushavn) 151, **158**
Illorsuit (Insel) 168
Ilulissat (Jakobshavn) 15, 20, 89, 93, 94, 145, **151–156**, 158, 162, 166, 169, 183, 186, 197, 199
Independence-Fjord 29
Isa-Fjord s. Nordre Sermilik
Isortoq 180
Iterdlaq 103
Itilleq 99, 103
Itinnera 134
Itivdleq 142
Ittoqqortoormiit s. Scoresbysund
Ivigtut 55, 96, **120–121**, 182

Jakobshavn s. Ilulissat
Jakobshavner Eisfjord 10, 145, **156–157**
Johan-Dahl-Land 56, 101
Johansen, Lars Emil 44
Julianehåb s. Qaqortoq

Kællingehætten 139
Kællingekløft 157
Kane, Elisha 29
Kangamiut 95
Kangatsiaq 30, **149**, 186
Kangeq (Insel) 110
Kangerluk s. Diskofjord
Kangerlussuaq s. Søndre Strømfjord
Kangersuneq-Fjord 134
Kap Alexander 9
Kap Dan 179
Kap Egede 113

Kap Farvel 9, 29, 98, 108, **119**, 175
Kap Hope 180
Kapisillit 134–135
Kap Morris Jesup 9,174
Kap Nordostrundigen 9
Kap Tobin 180
Kingigtorssuaq (Insel) 26
Kitsissuarsuit s. Hunde Ejlande
Kitsissut s. Kronprinsens Ejlande
Kleinschmidt, Konrad 119
Kleinschmidt, Samuel **64–65**, 111, 119, 126, 127
Koch, Johan Peter 31
Kong Frederik VI's Kyst 30
Kong Oscar Fjord 180
Kraulshavn 31, 169
Kronprins Christian Land 175
Kronprinsens Ejlande 147–149
Kronprins Frederik Bjerge 10
Kulusuk 92, 178, 179
Kungmiut 179
Kvanefjeld 54, **105–106**

Lange-Sund 147
Leif Eriksson 26
Lichtenau 64, 103, 111
Lichtenau-Fjord 111, 112
Lichtenfels 133
Lund, Henrik 105

Manitsok (Sukkertoppen) 21, 95, **136–137**, 186, 199
Marmorilik 55, 58, 168
Melville-Bucht 173, 195
Mesters Vig 31, 178, 180
Mont Forel 10
Motzfeldt, Jonathan 44
Mylius-Erichsen, Ludvig 30

Nanortalik 94, 95, 109, 110, **113–115**, 116, 117, 118, 120, 186, 197
Nansen, Fridtjof 30, 179
Napassoq 95
Narssaq 50, 54, 94, 101, **104–105**, 109, 186, 187, 197

Narssaq Kujatdleq 118
Narssarssuaq 92, 94, 95, **97–98**, 109, 186, 187, 197
Nationalpark (Nordostgrönland) 18, 20, 53, 180
Nordenskiöld, Adolf Erik von 30
Nordre Sermilik (Isa-Fjord) 100, 102, 107
Nordre Strømfjord 10
Nugssuaq (Halbinsel) 55, **158–159**, 164, 166, 168
Nuuk (Godthåb) 20, 27, 28, 44, 45, 56, 59, 66, 68, 69, 86, 92, 94, 98, 120, **122–135**, 186, 187, 199
Nuussuaq 128

Olsen, Anders 100, 108, 136
Oqaitsut (Rodebay) 157–158
Østerbygd 26, 104

Pamiut (Frederikshåb) 94, **121**
Peary, Robert Edwin 30, 173
Peary Land 10, **173–174**
Perfektnunatak 10
Prins Christians Sund 15, 119

Qagdlumiut 103
Qagssiarssuk **100**, 101, 102
Qanaq s. Thule
Qaqortoq (Julianehåb) 15, 21, 26, 68, 69, 89, 93, 94, 102, **107–109**, 186, 187, 197, 199
Qasigianguit (Christianshåb) 50, 94, 145, **149–150**, 158, 186
Qeqertaq 159
Qeqertarssuaq (Godhavn) 94, 145, **160–162**
Qeqertarsuatsiaat 133
Qernertuarssuit 180
Qilakitsoq 127, **166–167**
Qingua 101
Qorlortorsuaq (Wasserfall) 112
Qoorqut 135
Qordlortup-Tal 100
Qoroq-Fjord 101

Quervain, Alfred de 13
Qutdligssat 55, **162–163**

Rasmussen, Knud 31, 114, 115, 154, 170
Redekammen 103
Ritenbenk 158, 159, 160
Rodebay s. Oqaitsut
Rosing, Jens 147

Sardloq 111
Sarfanguaq 142
Sarqaq 23, **158–160**
Sarqardlip Nuna (Insel) 147
Scoresby, William 29
Scoresby-Sund (Fjord) 10, 29, 180
Scoresbysund 50, 52, 175, 176, **180–181**, 199
Sermermiut 151, 157
Sermersoq (Insel) 113
Sermiliaq 180
Severin, Jacob 149, 151
Sisimiut (Holsteinsborg) 20, 68, 86, 92, 94, 95, 96, 136, **137–142**, 186, 189, 199
Sletten 113
Søndre Igaliko 103, 112
Søndre Strømfjord 10, 50, 92, 94, 98, 136, **142–144**, 173, 178, 183, 187, 197
Spindler, Carl Julius 64
Stauningsalpen 175
Sukkertoppen s. Manitsok
Sydprøven 103, **111**, 112

Taseq (See) 102
Tasermiut-Fjord 116, 117–118
Taserssuaq (See) 116
Tasiilaq s. Angmagssalik
Tasiussaq **116**, 118
Tasiussaq-Bucht 160
Thule 15, 24, 29, 41, 42, 50, 52, 78, 86, 93, **170–173**, 183, 199
Tingimiut 100
Tiniteqilaq 180

Tjordhild 100
Tømmermands Ø (Insel) 139
Tunugdliarfik s. Eriks-Fjord
Tuperna, Nulialo 100

Uemura, Naomi 98
Ulke-Bucht 139, 141–142
Ulunguarssuaq 100
Umanaq 50, 55, 89, 93, **164–166**, 186
Umanaq-Fjord 166, 168

Unartoq (Insel) 111–112
Upernaviarssuk 110
Upernavik 26, 31, 50, 52, 93, 95, 166, **168–169**, 195, 199

Vandfaldet 103
Vatnaverfi 112
Vesterbygd 26

Wegener, Alfred 31, 164

Zakariashavn 111

Mai's Reiseführer Verlag

Die Reiseführer mit ausführlicher Landeskunde

Mai's Weltführer

- Alaska mit Yukon Territory
- Australien
- China
- Ecuador mit Galápagos-Inseln
- Gambia
- Grönland
- Hawaii
- Hongkong mit Macao
- Indien
- Indonesien
- Island
- Israel
- Karibien/Mittelamerika
- Kuba
- Malaysia/Singapore/Brunei
- Nepal
- Neuseeland
- Nigeria
- Nordafrika
- Pakistan
- Papua-Neuguinea
- Paraguay
- Peru
- Portugal
- Sambia
- Südafrika/SWA (Namibia)
- Südsee
- Taiwan
- Thailand
- Uruguay
- USA
- Zimbabwe

Weitere Titel in Vorbereitung

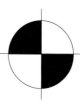

Mai's Städteführer
Dublin - Lissabon - Lyon - Zürich

Munzinger Länderprofile
Fakten - Personen - Ereignisse
Italien - Spanien - Türkei

Mai's Reise-Lesebücher
Geschichten und Erzählungen
über die Kunst des Reisens,
die zu genauerem Hinschauen
und zu intensiverem Erleben
ermuntern.

Mai's Reiseführer Verlag
Quellenweg 10, D-6072 Dreieich-Buchschlag, Telefon 0 61 03/6 29 33

Notizen

Notizen

Notizen

Notizen

Notizen

Notizen

Notizen

Notizen

Notizen

Notizen

Notizen